2025 제28회 시험대비 전면개정판

박문각
주택관리사

기초입문서 **1차**

회계원리 | 공동주택시설개론 | 민법

박문각 주택관리연구소 편저

브랜드만족
1위
박문각

수상내역
후면표기

동영상강의
www.pmg.co.kr

합격까지 박문각
합격 노하우가 다르다!

이 책의 머리말

주택관리사 시험이 어느덧 28회를 맞이하게 되었습니다.

해가 거듭될수록 단순 암기문제를 지양하고 핵심적인 기본문제와 상당한 이해력을 요하는 고난도의 문제까지 출제되고 있습니다. 이렇게 높아지는 시험문제의 난이도로 많은 수험생들이 시험 준비에 어려움을 겪고 계실 텐데요, 준비만 제대로 한다면 단기간에 쉽게 딸 수 있는 자격증이 주택관리사입니다.

본서는 주택사 시험 준비의 첫걸음이라 할 수 있는 기초입문서로, 기본서에 앞서 어떤 내용을 익히고 공부해야 하는지, 그 방향을 잡아주는 지침서 역할을 합니다.

때문에 꼭 보지 않아도 되지 않을까 생각하시는 분들도 계시겠지만 입문과정을 거치느냐 거치지 않느냐에 따라 기본서를 이해하고 습득하는 시간에 크게 차이가 나기 때문에 입문서를 공부하고 기본서를 보시는 것이 훨씬 유리합니다.

이 책의 특징은 다음과 같습니다.

- 용어에 대해 충분히 설명하였습니다. 회계, 시설, 또는 민법 관련 생소한 용어에 어려움을 느끼는 수험생들을 위하여 관련 용어들을 쉽게 이해하도록 서술하였습니다.
- 기본적이고 기초적인 내용에 충실하였습니다. 너무 많은 양으로 학습에 대한 부담을 주려고 하지 않았으며, 너무 깊은 내용으로 이해에 어려움을 더하려고도 하지 않았습니다. 초보자들이 부담 없이 접근할 수 있도록 하였습니다.
- 기본서 학습에 앞서 학습 전에 알아야 할 중요사항들의 정리를 통해 기본서 학습에 효율성을 높이도록 구성하였습니다.
- 필요한 경우 도표나 그림 등을 활용하여 보다 쉽게 이론을 이해할 수 있도록 돕는 한편, 학습에 재미를 더하였습니다.

주택관리사 자격시험에 응시하려고 하는 수험자 입장에서 많이 생각하고, 좋은 교재를 만들기 위해 노력하여 집필하였습니다. 부족한 부분은 계속 채워나갈 것을 약속드리며, 부디 이 책이 주택관리사 합격이라는 수험생들의 꿈을 이루는 데 큰 힘이 되길 바랍니다.

박문각 주택관리연구소 씀

주택관리사(보) 자격안내

자격개요

주택관리사보는 공동주택의 운영·관리·유지·보수 등을 실시하고 이에 필요한 경비를 관리하며, 공동주택의 공용부분과 공동소유인 부대시설 및 복리시설의 유지·관리 및 안전관리 업무를 수행하기 위해 주택관리사보 자격시험에 합격한 자를 말한다.

변천과정

1990년	주택관리사보 제1회 자격시험 실시
1997년	자격증 소지자의 채용을 의무화(시행일 1997. 1. 1.)
2006년	2005년까지 격년제로 시행되던 자격시험을 매년 1회 시행으로 변경
2008년	주택관리사보 자격시험의 시행에 관한 업무를 한국산업인력공단에 위탁(시행일 2008. 1. 1.)

주택관리사제도

❶ 주택관리사 등의 자격

주택관리사보　주택관리사보가 되려는 자는 국토교통부장관이 시행하는 자격시험에 합격한 후 시·도지사로부터 합격증서를 발급받아야 한다.

주택관리사　주택관리사는 주택관리사보 합격증서를 발급받고 대통령령으로 정하는 주택관련 실무경력이 있는 자로서 시·도지사로부터 주택관리사 자격증을 발급받은 자로 한다.

❷ 주택관리사 인정경력

시·도지사는 주택관리사보 자격시험에 합격하기 전이나 합격한 후 다음의 어느 하나에 해당하는 경력을 갖춘 자에 대하여 주택관리사 자격증을 발급한다.

- 사업계획승인을 받아 건설한 50세대 이상 500세대 미만의 공동주택의 관리사무소장으로 근무한 경력 3년 이상
- 사업계획승인을 받아 건설한 50세대 이상의 공동주택의 관리사무소의 직원(경비원, 청소원, 소독원 제외) 또는 주택관리업자의 직원으로 주택관리업무에 종사한 경력 5년 이상
- 한국토지주택공사 또는 지방공사의 직원으로 주택관리업무에 종사한 경력 5년 이상
- 공무원으로 주택관련 지도·감독 및 인·허가 업무 등에 종사한 경력 5년 이상
- 주택관리사단체와 국토교통부장관이 정하여 고시하는 공동주택관리와 관련된 단체의 임직원으로 주택관련 업무에 종사한 경력 5년 이상
- 위의 경력들을 합산한 기간 5년 이상

법적 배치근거

공동주택을 관리하는 주택관리업자·입주자대표회의(자치관리의 경우에 한함) 또는 임대사업자(「민간임대주택에 관한 특별법」에 의한 임대사업자를 말함) 등은 공동주택의 관리사무소장으로 주택관리사 또는 주택관리사보를 다음의 기준에 따라 배치하여야 한다.

- 500세대 미만의 공동주택: 주택관리사 또는 주택관리사보
- 500세대 이상의 공동주택: 주택관리사

주요업무

공동주택을 안전하고 효율적으로 관리하여 공동주택의 입주자 및 사용자의 권익을 보호하기 위하여 입주자대표회의에서 의결하는 공동주택의 운영·관리·유지·보수·교체·개량과 리모델링에 관한 업무 및 이와 같은 업무를 집행하기 위한 관리비·장기수선충당금이나 그 밖의 경비의 청구·수령·지출 업무, 장기수선계획의 조정, 시설물 안전관리계획의 수립 및 건축물의 안전점검에 관한 업무(단, 비용지출을 수반하는 사항에 대하여는 입주자대표회의의 의결을 거쳐야 함) 등 주택관리서비스를 수행한다.

진로 및 전망

주택관리사는 주택관리의 시장이 계속 확대되고 주택관리사의 지위가 제도적으로 발전하면서 공동주택의 효율적인 관리와 입주자의 편안한 주거생활을 위한 전문지식과 기술을 겸비한 전문가집단으로 자리매김하고 있다.

주택관리사의 업무는 주택관리서비스업으로서, 자격증 취득 후 아파트 단지나 빌딩의 관리소장, 공사 및 건설업체·전문용역업체, 공동주택의 운영·관리·유지·보수 책임자 등으로 취업이 가능하다.
과거 주택건설 및 공급 위주의 주택정책이 국가경제적인 측면에서 문제가 되었다는 점에서 지금은 공동주택의 수명연장 및 쾌적한 주거환경 조성을 우선으로 하는 주택관리의 시대가 되었다. 이러한 시대적 변화에 맞추어 전문자격자로서 주택관리사의 역할이 어느 때보다 중요해지고 있으며, 공동주택의 리모델링의 활성화로 주택관리사들이 전문기법을 연구·발전시켜 국가경제발전에도 크게 기여하게 될 것이다.

주택관리사(보) 자격시험안내

시험기관

소관부처 국토교통부 주택건설공급과   **실시기관** 한국산업인력공단(http://www.Q-net.or.kr)

응시자격

❶ **개관:** 응시자격에는 제한이 없으며 연령, 학력, 경력, 성별, 지역 등에 제한을 두지 않는다. 다만, 시험시행일 현재 주택관리사 등의 결격사유에 해당하는 자와 부정행위를 한 자로서 당해 시험시행일로부터 5년이 경과되지 아니한 자는 응시가 불가능하다.

❷ **주택관리사보 결격사유자**(공동주택관리법 제67조 제4항)
  1. 피성년후견인 또는 피한정후견인
  2. 파산선고를 받은 사람으로서 복권되지 아니한 사람
  3. 금고 이상의 실형의 선고를 받고 그 집행이 끝나거나(집행이 끝난 것으로 보는 경우를 포함한다) 집행이 면제된 날부터 2년이 지나지 아니한 사람
  4. 금고 이상의 형의 집행유예를 선고받고 그 집행유예기간 중에 있는 사람
  5. 주택관리사 등의 자격이 취소된 후 3년이 지나지 아니한 사람(제1호 및 제2호에 해당하여 주택관리사 등의 자격이 취소된 경우는 제외한다)

❸ **시험 부정행위자에 대한 제재:** 주택관리사보 자격시험에 있어서 부정한 행위를 한 응시자에 대하여는 그 시험을 무효로 하고, 당해 시험시행일부터 5년간 시험응시자격을 정지한다.

시험방법

❶ 주택관리사보 자격시험은 제1차 시험 및 제2차 시험으로 구분하여 시행한다.
❷ 제1차 시험문제는 객관식 5지 선택형으로 하고 과목당 40문항을 출제한다.
❸ 제2차 시험문제는 객관식 5지 선택형을 원칙으로 하되, 과목별 16문항은 주관식(단답형 또는 기입형)을 가미하여 과목당 40문항을 출제한다.
❹ 객관식 및 주관식 문항의 배점은 동일하며, 주관식 문항은 부분점수가 있다.

문항수	주관식 16문항	
배 점	각 2.5점(기존과 동일)	
단답형 부분점수	3괄호	3개 정답(2.5점), 2개 정답(1.5점), 1개 정답(0.5점)
	2괄호	2개 정답(2.5점), 1개 정답(1점)
	1괄호	1개 정답(2.5점)

※ 법률 등을 적용하여 정답을 구하여야 하는 문제는 법에 명시된 정확한 용어를 사용하는 경우에만 정답으로 인정

❺ 제2차 시험은 제1차 시험에 합격한 자에 대하여 실시한다.
❻ 제1차 시험에 합격한 자에 대하여는 다음 회의 시험에 한하여 제1차 시험을 면제한다.

합격기준

❶ 1차 시험 절대평가, 2차 시험 상대평가

국토교통부장관은 직전 3년간 사업계획승인을 받은 공동주택 단지 수, 직전 3년간 주택관리사보 자격시험 응시인원, 주택관리사 등의 취업현황과 주택관리사보 시험위원회의 심의의견 등을 고려하여 해당 연도 주택관리사보 자격시험의 선발예정인원을 정한다. 이 경우 국토교통부장관은 선발예정인원의 범위에서 대통령령으로 정하는 합격자 결정 점수 이상을 얻은 사람으로서 전과목 총득점의 고득점자 순으로 주택관리사보 자격시험 합격자를 결정한다(공동주택관리법 제67조 제5항).

❷ 시험합격자의 결정(공동주택관리법 시행령 제75조)

1. 제1차 시험 : 과목당 100점을 만점으로 하여 모든 과목 40점 이상이고 전 과목 평균 60점 이상의 득점을 한 사람
2. 제2차 시험

① 과목당 100점을 만점으로 하여 모든 과목 40점 이상이고 전 과목 평균 60점 이상의 득점을 한 사람. 다만, 모든 과목 40점 이상이고 전 과목 평균 60점 이상의 득점을 한 사람의 수가 법 제67조 제5항 전단에 따른 선발예정인원(이하 "선발예정인원"이라 한다)에 미달하는 경우에는 모든 과목 40점 이상을 득점한 사람을 말한다.

② 법 제67조 제5항 후단에 따라 제2차 시험 합격자를 결정하는 경우 동점자로 인하여 선발예정인원을 초과하는 경우에는 그 동점자 모두를 합격자로 결정한다. 이 경우 동점자의 점수는 소수점 이하 둘째자리까지만 계산하며, 반올림은 하지 아니한다.

시험과목

(2024. 03. 29. 제27회 시험 시행계획 공고 기준)

시험구분		시험과목	시험범위	시험시간
제1차 (3과목)	1교시	회계원리	세부 과목 구분 없이 출제	100분
		공동주택 시설개론	• 목구조·특수구조를 제외한 일반건축구조와 철골구조 • 장기수선계획 수립 등을 위한 건축적산 • 홈네트워크를 포함한 건축설비개론	
	2교시	민 법	• 총칙 • 물권 • 채권 중 총칙·계약총칙·매매·임대차·도급·위임·부당이득·불법행위	50분
제2차 (2과목)		주택관리 관계법규	「주택법」·「공동주택관리법」·「민간임대주택에 관한 특별법」·「공공주택 특별법」·「건축법」·「소방기본법」·「화재의 예방 및 안전관리에 관한 법률」·「소방시설 설치 및 관리에 관한 법률」·「승강기 안전관리법」·「전기사업법」·「시설물의 안전 및 유지관리에 관한 특별법」·「도시 및 주거환경정비법」·「도시재정비 촉진을 위한 특별법」·「집합건물의 소유 및 관리에 관한 법률」 중 주택관리에 관련되는 규정	100분
		공동주택 관리실무	• 공동주거관리이론 • 공동주택회계관리, 입주자관리, 대외업무, 사무·인사관리 • 시설관리, 환경관리, 안전·방재관리 및 리모델링, 공동주택 하자관리(보수공사를 포함) 등	

※ 1. 시험과 관련하여 법률·회계처리기준 등을 적용하여 답을 구하여야 하는 문제는 시험시행일 현재 시행 중인 법령 등을 적용하여 출제된다.
 2. 회계처리 등과 관련된 시험문제는 「한국채택국제회계기준(K-IFRS)」을 적용하여 출제된다.
 3. 기활용된 문제, 기출문제 등도 변형·활용되어 출제될 수 있다.

이 책의 차례

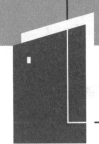

1 과목

회계원리

2 과목

공동주택
시설개론

3 과목

민 법

℞ (기초)회계원리 과목 소개

주택관리사(보) 시험의 회계원리 과목은 기업의 거래에 대한 측정·기록 그리고 재무제표를 통한 재무보고 등 기본원리를 이해하고 실무에 적용할 수 있는 과목이다.

회계원리는 기업에서 발생하는 거래를 일정한 원리·원칙에 따라 장부에 기록·계산·정리하여 보고하는 과정으로서 기초회계원리에서는 복식부기원리를 익히는 것에 초점을 맞추어야 한다.

자산·부채·자본과 수익·비용 등 기본회계용어부터 회계상 거래의 의의, 분개, 전기 및 결산 등 회계의 순환과정을 기초회계원리 입문과정에서 배우고 익히는 것을 목표로 한다.

℞ 회계원리 출제 분석

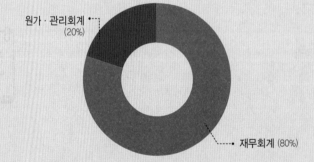

원가 · 관리회계 (20%)

재무회계 (80%)

01
과목

회계원리

01 회계의 기본개념

❶ 회계와 부기
❷ 기업의 재무상태
❸ 기업의 경영성과
❹ 기업의 당기순손익 계산

제1절 회계와 부기

1 회계학과 부기

(1) **회계학**(accounting)

회계학이란 기업 활동을 수행하는 과정에서 발생하는 수많은 경제적 사건들을 체계적으로 기록·정리·요약하여 보고함으로써 회계정보를 이용하여 의사결정을 하는 사람들에게 유용한 정보를 제공하는 것을 목적으로 하는 정보시스템이다.

(2) **부기**(book-keeping)

부기란 기업 재산의 증감변화를 나타내는 거래 사실을 일정한 원리·원칙에 따라 장부에 기록·계산·정리하여 그 원인과 결과를 명백히 하는 기술이다.

2 회계학과 부기의 분류

(1) **회계의 분류**

① **재무회계**(Financial Accounting)
기업의 외부정보이용자인 투자자나 채권자 등에게 경제적 의사결정에 유용한 회계정보를 제공하는 외부보고 목적의 회계를 말한다.

② **관리회계**(Managerial Accounting)
기업의 내부정보이용자인 경영자가 경영 의사결정을 하는데 유용한 회계정보를 제공하는 내부보고 목적의 회계를 말한다.

(2) 부기의 분류

① 단식부기

기록·계산의 대상이 일정하지 않고, 일정한 원리·원칙 없이 현금이나 채권·채무 등의 증감변화 등 필요한 사항만을 선택적으로 간단히 기입하는 방법이다.

② 복식부기

자산, 부채, 자본의 증감변동, 수익, 비용의 발생 등 모든 경제적 행위(거래)를 일정한 장부체계를 갖추고 일정한 원리·원칙에 의하여 체계적이고 객관적인 방법에 따라 기록하는 방법이다. 복식부기는 정확한 기간손익계산이 가능하며, 자기검증기능이 있어 오류발견이 용이하다.

3 회계단위

기업의 자산, 부채, 자본의 증감변화를 기록, 계산, 정리하기 위한 장소적 범위를 말한다.

예 본점과 지점, 본사와 공장

4 회계기간(=회계년도, 보고기간)

기업의 경영을 보다 더 효율적으로 수행하기 위하여 기업의 경영성과를 6월 또는 1년 단위로 구분하여 보고하게 되는데, 이러한 기간을 회계기간(accounting period) 또는 회계연도(fiscal year)라고 한다.

상법 규정에 따라 회계연도는 1년을 초과할 수 없으며, 분기/반기별로 보고할 수 있다.

📖 회계기간

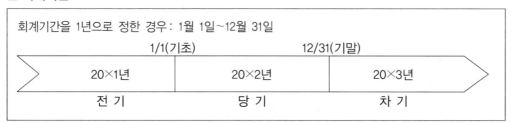

회계기간을 1년으로 정한 경우 : 1월 1일~12월 31일		
1/1(기초)		12/31(기말)
20×1년	20×2년	20×3년
전 기	당 기	차 기

제2절 기업의 재무상태

1 재무상태

(1) 자산(Assets, Activa)

기업이 소유하고 있는 '재화'와 '채권'을 말한다.

재 화	• 기업이 소유하고 있는 현금이나 상품 등의 물품 • 현금, 상품, 건물, 차량운반구, 비품 등
채 권	• 기업이 미래에 타인으로부터 받을 수 있는 권리 • 외상매출금, 받을어음, 대여금, 미수금, 선급금 등

계정과목	내 용
현 금	기업이 소지하고 있는 현금(통화 및 통화대용증권)
보통예금	수시로 입출금이 가능한 자유저축예금
당좌예금	당좌수표를 발행할 목적으로 하는 예금
현금 및 현금성자산	현금＋보통예금＋당좌예금＋현금성자산

🔺 기업의 대금 결제수단 — 현금
　　　　　　　　　　 — 신용카드
　　　　　　　　　　 — (당좌)수표: 즉시 지급(＝만기일 無)
　　　　　　　　　　 — (약속)어음: 일정 기간 후 지급을 약속(＝만기일 有)
　　　　　　　　　　 — 외상

당기손익금융자산	단기매매를 목적으로 보유한 시장성 있는 주식, 사채 등
상 품	판매를 목적으로 매입한 물품
제 품	판매를 목적으로 제작(제조)한 물품
소모품	사무용 문구류
토 지	사용할 목적(＝영업용)으로 구입한 토지
건 물	사용할 목적(＝영업용)으로 구입한 건물
기계장치	사용할 목적(＝영업용)으로 구입한 기계장치
차량운반구	사용할 목적(＝영업용)으로 구입한 승용차, 트럭 등
비 품	사용할 목적(＝영업용)으로 구입한 가구, 컴퓨터, 복사기 등
단기대여금	현금을 빌려주고 발생한 단기(1년 이내) 채권
장기대여금	현금을 빌려주고 발생한 장기(1년 초과) 채권

회계원리

외상매출금	상품을 외상으로 매출한 경우 발생한 채권
받을어음	상품을 매출하고 약속어음을 받은 경우 발생한 채권
매출채권	외상매출금+받을어음
미수금	상품 이외의 물품 등을 매각처분하고 대금을 외상으로 하거나, 어음으로 받는 경우 발생한 채권
선급금	상품 등을 매입하기로 계약하고 대금 중 일부를 미리 지급한 금액

(2) 부채(Liabilities, Passiva)

기업이 미래에 타인에게 지급해야 할 '채무(의무)'를 말한다.

계정과목	내 용
단기차입금	현금을 빌려온 경우 발생한 단기 채무(만기 1년 이내)
장기차입금	현금을 빌려온 경우 발생한 장기 채무(만기 1년 초과)
외상매입금	상품을 외상으로 매입하고 발생한 채무
지급어음	상품을 매입하고 약속어음을 발행한 경우 발생한 채무
매입채무	외상매입금+지급어음
미지급금	상품 이외의 물품 등을 외상으로 구입하거나, 약속어음을 발행해 주는 경우 발생한 채무
선수금	상품 등을 매출하기로 계약하고 대금 중 일부를 미리 받은 금액
예수금	급여지급시 원천징수한 소득세 등

(3) 자본(Capital, Kapital)

자산총액에서 부채총액을 차감한 잔액(순재산, 소유주지분, 주주지분, 잔여지분)

$$자산(A) - 부채(L) = 자본(C) \cdots\cdots 자본등식$$

계정과목	내 용
자본금	기업의 출자금, 주식회사의 경우 발행된 주식의 액면총액

2 재무상태표(Financial Position : F/P)

기업의 일정시점의 재무상태를 나타내는 일람표이다.

재 무 상 태 표

자 산	금 액	부채 및 자본	금 액
총 자 산	₩300,000,000	총 부 채	₩200,000,000
		자 본 금	₩100,000,000
	₩300,000,000		₩300,000,000

자산=부채+자본 ········· 재무상태표 등식

예제

1. 다음 (   )안에 알맞은 말을 써 넣으시오.

① 기업의 영업활동을 위하여 보유하고 있는 재화와 채권을 (   )이라 한다.

② 기업이 앞으로 다른 기업실체에게 재화 또는 용역을 제공하여야 할 채무(의무)를 (   )라 한다.

③ 기업의 자산 총액에서 부채 총액을 차감한 잔액을 (   )이라 하며, 순자산(순재산)이라고 도 한다.

④ 기업실체의 일정시점에 있어서 보유하고 있는 자산, 부채, 자본의 구성내역 즉, 재무구조 를 (   )라고 한다.

⑤ 일정시점에 있어서 기업실체의 재무상태를 나타내는 보고서를 (   )라 한다.

⑥ 자본등식은 (   )-(   )=(   )이다.

⑦ 재무상태표 등식은 (   )=(   )+(   )이다.

⑧ 재무상태표 차변에는 (   )을 기입하고, 대변에는 (   )와 (   )을 기입한다.

▶ 정답

① 자산   ② 부채   ③ 자본   ④ 재무상태
⑤ 재무상태표   ⑥ 자산, 부채, 자본   ⑦ 자산, 부채, 자본   ⑧ 자산, 부채, 자본

2. 다음에서 설명하는 내용에 적합한 계정과목을 나타내시오.

번 호	거래내용	계정과목
①	보유하고 있는 지폐 및 주화, 자기앞수표 등	
②	당좌수표를 발행할 목적으로 은행에 예입한 것	
③	단기투자목적으로 주식을 구입하면	
④	판매를 목적으로 구입한 물품	
⑤	영업용으로 사용할 목적으로 구입한 토지	
⑥	영업용으로 사용할 목적으로 구입한 건물	
⑦	영업용으로 사용할 목적으로 구입한 승용차, 화물자동차	
⑧	영업용으로 사용할 목적으로 구입한 책상 및 의자, 에어컨, 복사기 등	
⑨	볼펜, 칼, 복사용지, 파일 등 사무용 문구류를 구입하면(자산처리)	
⑩	상품을 매입하고 대금을 나중에 지급하기로 하면	
⑪	건물, 비품, 차량운반구 등을 구입하고 대금을 나중에 지급하기로 하면	
⑫	상품을 매입하고 대금을 약속어음 발행하여 지급하면	
⑬	건물, 비품 등을 구입하고 대금을 약속어음 발행하여 지급하면	
⑭	상품을 매출하고 대금을 나중에 받기로 하면	
⑮	건물, 비품, 차량운반구 등을 매각처분하고 대금을 나중에 받기로 하면	
⑯	상품을 매출하고 대금을 타인발행의 약속어음으로 받으면	
⑰	건물, 비품, 차량운반구 등을 매각처분하고 대금을 약속어음으로 받으면	
⑱	상품 등을 매입하기로 계약하고 계약금을 지급하면	
⑲	상품 등을 매출하기로 계약하고 계약금을 받으면	
⑳	현금을 6개월 상환조건으로 대여하면	
㉑	현금을 2년 상환조건으로 대여하면	
㉒	현금을 6개월 상환조건으로 차입하면	
㉓	현금을 3년 상환조건으로 차입하면	

▶ 정답

① 현금	② 당좌예금	③ 당기손익금융자산	④ 상품
⑤ 토지	⑥ 건물	⑦ 차량운반구	⑧ 비품
⑨ 소모품	⑩ 외상매입금	⑪ 미지급금	⑫ 지급어음
⑬ 미지급금	⑭ 외상매출금	⑮ 미수금	⑯ 받을어음
⑰ 미수금	⑱ 선급금	⑲ 선수금	⑳ 단기대여금
㉑ 장기대여금	㉒ 단기차입금	㉓ 장기차입금	

3. 다음 계정과목 중 자산은 'A', 부채는 'L', 자본은 'C'로 (   )안에 표시하시오.

① 현금　　　　　　(　　) 　② 당기손익금융자산 (　　)　③ 상품　　　　(　　)

④ 단기대여금　　(　　)　⑤ 건물　　　　　　(　　)　⑥ 선수금　　(　　)

⑦ 장기차입금　　(　　)　⑧ 받을어음　　　　(　　)　⑨ 장기대여금 (　　)

⑩ 선급금　　　　(　　)　⑪ 지급어음　　　　(　　)　⑫ 단기차입금 (　　)

⑬ 차량운반구　　(　　)　⑭ 토지　　　　　　(　　)　⑮ 외상매출금 (　　)

⑯ 소모품　　　　(　　)　⑰ 자본금　　　　　(　　)　⑱ 미지급금　(　　)

⑲ 미수금　　　　(　　)　⑳ 외상매입금　　　(　　)　㉑ 비품　　　(　　)

▶ 정답

① 현금　　　　　　(A)　② 당기손익금융자산 (A)　③ 상품　　　　(A)

④ 단기대여금　　(A)　⑤ 건물　　　　　　(A)　⑥ 선수금　　(L)

⑦ 장기차입금　　(L)　⑧ 받을어음　　　　(A)　⑨ 장기대여금 (A)

⑩ 선급금　　　　(A)　⑪ 지급어음　　　　(L)　⑫ 단기차입금 (L)

⑬ 차량운반구　　(A)　⑭ 토지　　　　　　(A)　⑮ 외상매출금 (A)

⑯ 소모품　　　　(A)　⑰ 자본금　　　　　(C)　⑱ 미지급금　(L)

⑲ 미수금　　　　(A)　⑳ 외상매입금　　　(L)　㉑ 비품　　　(A)

4. 동양상회의 다음 자료에 의하여 자산, 부채, 자본금액을 계산하시오. (단위 : 원)

현　　　　　　금	120,000	외 상 매 출 금	80,000
단 기 대 여 금	100,000	받 을 어 음	90,000
상　　　　　　품	50,000	건　　　　　　물	40,000
외 상 매 입 금	60,000	단 기 차 입 금	30,000
지 급 어 음	10,000		

해설

자산총액 : ₩120,000＋₩80,000＋₩100,000＋₩90,000＋₩50,000＋₩40,000＝₩480,000

부채총액 : ₩60,000＋₩30,000＋₩10,000＝₩100,000

자본총액 : ₩480,000－₩100,000＝₩380,000

5. 희망상점의 자산과 부채를 자료로 하여 재무상태표를 작성하고, 자본등식과 재무상태표등식을 금액으로 표시하시오. (단위 : 원)

현　　　　　　금	260,000	당 좌 예 금	140,000
외 상 매 출 금	150,000	받 을 어 음	80,000
단 기 대 여 금	60,000	상　　　　　　품	50,000
건　　　　　　물	120,000	외 상 매 입 금	130,000
지 급 어 음	70,000	단 기 차 입 금	100,000
자 본 금 (　　　　)			

재 무 상 태 표

과 목	금 액	과 목	금 액

자 본 등 식	
재무상태표등식	

▶ 정답

과 목	금 액	과 목	금 액
현 금	260,000	외 상 매 입 금	130,000
당 좌 예 금	140,000	지 급 어 음	70,000
외 상 매 출 금	150,000	단 기 차 입 금	100,000
받 을 어 음	80,000	자 본 금	560,000
단 기 대 여 금	60,000		
상 품	50,000		
건 물	120,000		
	860,000		860,000

재 무 상 태 표 (단위 : 원)

자 본 등 식	₩860,000 － ₩300,000 ＝ ₩560,000
재무상태표등식	₩860,000 ＝ ₩300,000 ＋ ₩560,000

확인문제 ✎

재무제표의 구성요소 중 잔여지분에 해당하는 것은? 제22회

① 자산   ② 부채   ③ 자본
④ 수익   ⑤ 비용

해설

자산에서 부채를 차감한 순자산을 잔여지분, 즉 자본이라고 한다.   ▶ 정답 ③

제3절 기업의 경영성과

1 수익(revenues)

기업의 경영활동 결과로 인하여 '자본의 증가'를 가져오는 원인을 수익이라 한다.

계정과목	내용
매 출	상품을 매출하고 받은 대가
임대료	건물, 토지, 기계장치 등을 대여하고 받은 대가
수수료수익	용역을 제공하고 받은 수수료
이자수익	대여금이나 은행의 예금에서 발생하는 이자를 받은 것
금융자산처분이익	금융자산(주식, 사채 등)을 처분하고 발생한 이익
유형자산처분이익	유형자산(건물, 토지 등)을 처분하고 발생한 이익
잡이익	기업의 영업활동과 무관하게 발생하는 이익으로서 금액이 적고 중요성이 낮은 이익(폐품 처분이익 등)

2 비용(expenses)

기업의 경영활동 결과로 '자본의 감소'를 가져오는 원인을 비용이라 하며, 수익을 창출하기 위하여 소비된 경제적 가치를 말한다.

계정과목	내용
매출원가	매출한 상품의 원가
임차료	건물, 토지, 기계장치 등을 임차하고 사용료로 지급하는 금액
수수료비용	용역을 제공 받고 지급한 수수료, 관리유지비, 기장수수료
이자비용	차입금에 대해서 발생하는 이자를 지급 하는 금액
금융자산처분손실	금융자산(주식, 사채 등)을 처분하고 발생하는 손실
유형자산처분손실	유형자산(건물, 토지 등)을 처분하고 발생하는 손실
잡손실	기업의 영업활동과 무관하게 발생하는 금액이 적고 중요성이 낮은 잡다한 손실(도난, 분실 등)
급 여	임직원에게 지급하는 월급 및 상여와 각종 수당
복리후생비	직원들에게 무상으로 지급하는 물품이나 금전, 회식비, 경조사금, 화환, 축하금 등의 경비

접대비	거래처에 무상으로 지급하는 물품이나 금전, 식사대, 경조사금, 화환 등의 경비(세법: 기업업무추진비로 개정)
여비교통비	교통비(택시요금, 교통카드), 고속도로 통행료, 출장비
통신비	전화 및 휴대폰요금, 우편 등의 요금, 시청료, 인터넷사용료
수도광열비	수도요금, 전기요금, 난방용 유류대금, 가스요금
세금과공과	각종 세금(재산세, 자동차세, 사업소세 등) 공과금(~~회비, 협회비, 조합비 등)
수선비	비품 및 기계장치 등의 수리비
보험료	화재보험료, 자동차보험료 등
차량유지비	영업용 차량의 주유대금, 주차요금, 차량수선유지 관리비용
도서인쇄비	신문구독료, 양식지 인쇄, 명함, 도서 구입비, 사진 현상료
소모품비	사무용 문방구류 및 집기류
광고선전비	광고, 홍보, 선전비용, 광고전단지 인쇄비용
기부금	성금 등으로 무상 지급하는 물품이나 기탁하는 금전
잡비	금액이 적고 자주 발생하지 않고 중요하지 않은 잡다한 지출

3 손익계산서(Income Statement : I/S)

손익계산서란 일정 기간의 경영성과를 나타내는 보고서이다.

손 익 계 산 서

비 용	금 액	수 익	금 액

손 익 계 산 서		손 익 계 산 서	
총 비 용 70,000	총 수 익 100,000	총 비 용 80,000	총 수 익 70,000
당기순이익 30,000			당기순손실 10,000
100,000	100,000	80,000	80,000

총수익-총비용=당기순이익 ⇦ 손 익 법 등식 ⇨ 총비용-총수익=당기순손실

총비용+당기순이익=총수익 ⇦ 손익계산서 등식 ⇨ 총비용=총수익+당기순손실

예제

1. 다음 (   )안에 알맞은 말을 써 넣으시오.

① 기업 영업활동의 결과 자본의 증가원인이 되는 것을 (   )이라 한다.
② 기업 영업활동의 결과 자본의 감소원인이 되는 것을 (   )이라 한다.
③ 수익을 창출하기 위하여 소비(희생)된 경제적 가치를 (   )이라 한다.
④ 기업실체의 수익과 비용의 비교결과(구조)를 (   )라고 한다.
⑤ 기업의 경영성과를 보고하기 위해 작성하는 보고서를 (   )라고 한다.
⑥ 손익계산서 차변에는 (   )을 기입하고 대변에는 (   )을 기입한다.
⑦ 손익계산서 차변잔액은 (   )을 나타낸다.
⑧ 손익계산서 대변잔액은 (   )을 나타낸다.
⑨ 당기순이익을 구하는 공식은 (   )−(   )이다.
⑩ 당기순이익이 발생할 경우의 손익계산서 등식은 (   )+(   )=(   )이다.
⑪ 당기순손실이 발생할 경우의 손익계산서 등식은 (   )=(   )+(   )이다.

▶ 정답
① 수익   ② 비용   ③ 비용   ④ 경영성과
⑤ 손익계산서   ⑥ 비용, 수익   ⑦ 당기순손실   ⑧ 당기순이익
⑨ 총수익, 총비용   ⑩ 총비용, 당기순이익, 총수익
⑪ 총비용, 총수익, 당기순손실

2. 다음에서 설명하는 내용에 적합한 계정과목을 나타내시오.

번호	거래내용	계정과목
①	판매용 상품을 매출하면	
②	판매된 상품의 원가	
③	이자를 받으면	
④	이자를 지급하면	
⑤	수수료를 받으면	
⑥	수수료를 지급하면	
⑦	집세를 받으면	
⑧	집세를 지급하면	
⑨	보유하고 있던 단기투자목적의 주식을 처분하여 이익이 발생하면	
⑩	보유하고 있던 단기투자목적의 주식을 처분하여 손실이 발생하면	
⑪	소유하고 있던 건물, 토지 등의 유형자산을 처분하여 이익이 발생하면	
⑫	소유하고 있던 건물, 토지 등의 유형자산을 처분하여 손실이 발생하면	
⑬	금액이 적고 중요하지 않은 이익	
⑭	금액이 적고 중요하지 않은 손실	

⑮	임직원에게 월급을 지급하면	
⑯	임직원에게 지급하는 경조사비, 식사대금 등	
⑰	거래처에게 지급하는 경조사비, 식사대금 등	
⑱	화재보험료, 자동차보험료를 지급하면	
⑲	수도요금, 전기요금, 전화요금, 인터넷요금 등을 지급하면	
⑳	출장비, 버스요금, 택시요금, 기차요금 등	
㉑	영업용 차량은 수선비, 유류대금, 주차요금 등	
㉒	신문, 잡지의 광고비용, 전단지 제작비용 등	
㉓	직원업무용 서적 구입비용과 업무용 서류 또는 명함 인쇄비용	
㉔	재산세, 자동차세, 상공회의소회비, 조합비를 지급하면	
㉕	건물, 기계장치, 비품 등의 수리비용	
㉖	직원 교육을 위한 강사초빙 인건비, 연수원 교육비용 등	
㉗	볼펜, 파일, 복사용지 등 사무용품 구입비용	
㉘	불우이웃돕기 성금, 사회복지시설에 상품 등을 무상으로 지급하면	
㉙	상품 판매시 발생하는 운임(택배비 등)을 지급하면	
㉚	금액이 적고 중요하지 않은 지출액	

▶ 정답

① 상품매출	② 상품매출원가	③ 이자수익	④ 이자비용
⑤ 수수료수익	⑥ 수수료비용	⑦ 임대료	⑧ 임차료
⑨ 금융자산처분이익	⑩ 금융자산처분손실	⑪ 유형자산처분이익	⑫ 유형자산처분손실
⑬ 잡이익	⑭ 잡손실	⑮ 급여	⑯ 복리후생비
⑰ 접대비	⑱ 보험료	⑲ 수도광열비	⑳ 여비교통비
㉑ 차량유지비	㉒ 광고선전비	㉓ 도서인쇄비	㉔ 세금과공과
㉕ 수선비	㉖ 교육훈련비	㉗ 소모품비	㉘ 기부금
㉙ 운반비	㉚ 잡비		

3. 다음 계정과목 중 수익은 'R', 비용은 'E'로 (   )안에 표시하시오.

① 상품매출 ( )	② 임차료 ( )	③ 이자수익 ( )
④ 보험료 ( )	⑤ 수도광열비 ( )	⑥ 상품매출원가 ( )
⑦ 소모품비 ( )	⑧ 유형자산처분이익 ( )	⑨ 임대료 ( )
⑩ 접대비 ( )	⑪ 여비교통비 ( )	⑫ 세금과공과 ( )
⑬ 이자비용 ( )	⑭ 금융자산처분이익 ( )	⑮ 차량유지비 ( )
⑯ 수수료수익 ( )	⑰ 광고선전비 ( )	⑱ 잡비 ( )
⑲ 유형자산처분손실 ( )	⑳ 복리후생비 ( )	㉑ 금융자산처분손실 ( )

▶ 정답

① 상품매출 (R)	② 임차료 (E)	③ 이자수익 (R)
④ 보험료 (E)	⑤ 수도광열비 (E)	⑥ 상품매출원가 (E)
⑦ 소모품비 (E)	⑧ 유형자산처분이익 (R)	⑨ 임대료 (R)
⑩ 접대비 (E)	⑪ 여비교통비 (E)	⑫ 세금과공과 (E)
⑬ 이자비용 (E)	⑭ 금융자산처분이익 (R)	⑮ 차량유지비 (E)
⑯ 수수료수익 (R)	⑰ 광고선전비 (E)	⑱ 잡비 (E)
⑲ 유형자산처분손실 (E)	⑳ 복리후생비 (E)	㉑ 금융자산처분손실 (E)

4. 대박상점의 수익과 비용을 자료로 손익계산서를 작성하고, 손익계산서등식을 금액으로 표시하시오. (단위 : 원)

상 품 매 출	100,000	임 대 료	80,000
이 자 수 익	70,000	상 품 매 출 원 가	40,000
급 여	30,000	이 자 비 용	20,000

손 익 계 산 서

과 목	금 액	과 목	금 액

손익계산서등식	

▶ 정답

손 익 계 산 서

과 목	금 액	과 목	금 액
상 품 매 출 원 가	40,000	상 품 매 출	100,000
급 여	30,000	임 대 료	80,000
이 자 비 용	20,000	이 자 수 익	70,000
당 기 순 이 익	160,000		
	250,000		250,000

손익계산서등식	₩90,000 + ₩160,000 = ₩250,000

5. 난리상회의 수익과 비용을 자료로 손익계산서를 작성하고, 손익계산서 등식을 금액으로 표시하시오. (단위 : 원)

상 품 매 출	50,000	임 대 료	60,000
이 자 수 익	90,000	급 여	100,000
보 험 료	70,000	광 고 선 전 비	50,000

손 익 계 산 서

과 목	금 액	과 목	금 액

손익계산서등식	

▶ 정답

손 익 계 산 서

과 목	금 액	과 목	금 액
급 여	100,000	상 품 매 출	50,000
보 험 료	70,000	임 대 료	60,000
광 고 선 전 비	50,000	이 자 수 익	90,000
		당 기 순 손 실	20,000
	220,000		220,000

손익계산서등식	₩220,000 = ₩200,000 + ₩20,000

확인문제 ✎

포괄손익계산서 회계요소에 해당하는 것은?   제27회

① 자산   ② 부채   ③ 자본
④ 자본잉여금   ⑤ 수익

해설
포괄손익계산서의 회계요소 : 수익, 비용, 기타포괄손익   ▶ 정답 ⑤

제4절 기업의 당기순손익 계산

1 재산법(순자산 접근법, 재무자본유지접근법)

기초의 자본에 추가 출자액(증자)와 인출액(감자)을 가감한 후 이를 기말의 자본과 비교하여 기말 자본액이 많으면 순이익(net income), 기말 자본액이 적으면 순손실(net loss)이 발생한다.

> 기말자본－기초자본＝순이익(⊖면 순손실)
>
> 기말자본－(기초자본＋추가출자－인출)＝순이익(⊖면 순손실)

2 손익법(거래접근법, 유도법)

일정 기간 동안에 측정된 수익 총액과 비용 총액을 비교하여 수익 총액이 비용 총액보다 많으면 순이익, 비용 총액이 수익 총액보다 많으면 순손실이 발생한다.

> 총수익－총비용＝순이익(⊖면 순손실)

예제

1. 다음 표의 빈칸에 알맞은 금액을 기입하라. (순손실은 △로 표시할 것)

단위 : 원

번 호	기초			기말			총수익	총비용	순이익
	자 산	부 채	자 본	자 산	부 채	자 본			
1	2,400	2,000	①	3,600	2,400	②	1,800	1,000	③
2	1,500	1,000	④	2,700	2,000	⑤	⑥	500	⑦
3	⑧	1,100	1,300	3,900	⑨	1,900	1,300	⑩	600
4	3,920	⑪	⑫	⑬	1,120	2,520	1,000	⑭	△80
5	⑮	880	⑯	3,400	1,400	⑰	2,200	1,720	⑱

▶ 정답
1. 기말자본－기초자본＝순이익(또는 순손실)
2. 총수익－총비용＝순이익(또는 순손실)

①	₩400	②	₩1,200	③	₩800	④	₩500	⑤	₩700	⑥	₩700
⑦	₩200	⑧	₩2,400	⑨	₩2,000	⑩	₩700	⑪	₩1,320	⑫	₩2,600
⑬	₩3,640	⑭	₩1,080	⑮	₩2,400	⑯	₩1,520	⑰	₩2,000	⑱	₩480

2. 다음 자료에 의하여 기말자본을 계산하면 얼마인가?

• 기초자산 :	₩1,000,000	• 기초부채 :	₩400,000
• 총 수 익 :	₩5,100,000	• 총 비 용 :	₩3,600,000

① ₩2,000,000   ② ₩2,100,000   ③ ₩2,200,000

④ ₩2,300,000   ⑤ ₩2,400,000

해설

기초자본 : 기초자산 ₩1,000,000－기초부채 ₩400,000＝₩600,000
당기순이익 : 총수익 ₩5,100,000－총비용 ₩3,600,000＝₩1,500,000
기말자본 : 기초자본 ₩600,000＋당기순이익 ₩1,500,000＝₩2,100,000   ▶ 정답 ②

3. 다음은 합격상사의 재무상태에 대한 자료이다. (가)~(라)에 들어갈 금액으로 옳은 것은?

구 분	회계연도	제1기(20X1년)	제2기(20X2년)
기말 자산		₩100,000	(나)
기말 부채		₩70,000	₩40,000
자 본	기 초	?	(다)
	기 말	(가)	₩50,000
총수익		₩50,000	(라)
총비용		₩40,000	₩30,000

	(가)	(나)	(다)	(라)
①	₩20,000	₩70,000	₩20,000	₩20,000
②	₩20,000	₩90,000	₩20,000	₩50,000
③	₩30,000	₩70,000	₩30,000	₩20,000
④	₩30,000	₩90,000	₩30,000	₩50,000
⑤	₩50,000	₩70,000	₩30,000	₩90,000

해설

제1기 (가) 기말자본 : 기말자산 ₩100,000－기말부채 ₩70,000＝₩30,000
제2기 (다) 제1기의 기말자본(₩30,000)은 제2기의 기초자본이다.
제2기 (나) 기말자산 : 기말부채 ₩40,000＋기말자본 ₩50,000＝₩90,000
제2기 (라) 당기순이익 : 기말자본 ₩50,000－기초자본 ₩30,000＝₩20,000
　　　　　총수익 : 당기순이익 ₩20,000＋총비용 ₩30,000＝₩50,000   ▶ 정답 ④

확인문제

1. ㈜한국의 20×1년 자료가 다음과 같을 때, 20×1년 기말자본은? (단, 20×1년에 자본거래는 없다고 가정한다)
   제25회

• 기초자산(20×1년 초)	₩300,000	• 총수익(20×1년)	₩600,000
• 기초부채(20×1년 초)	₩200,000	• 총비용(20×1년)	₩400,000

① ₩100,000   ② ₩200,000   ③ ₩300,000
④ ₩400,000   ⑤ ₩500,000

해설

기초자산 : ₩300,000−기초부채 ₩200,000=기초자본 ₩100,000
총수익 : ₩600,000−총비용 ₩400,000=당기순이익 ₩200,000
기말자본 : 기초자본 ₩100,000+당기순이익 ₩200,000=₩300,000   ▶ 정답 ③

2. ㈜한국의 20X1년 자료가 다음과 같을 때, 기말자본은?
   제22회

• 기초자산	₩1,000,000	• 기초부채	₩700,000
• 현금배당	₩100,000	• 유상증자	₩500,000
• 총비용	₩1,000,000	• 총수익	₩900,000

① ₩800,000   ② ₩600,000   ③ ₩500,000
④ ₩300,000   ⑤ ₩200,000

해설

자 본				
현금배당	100,000	기초자본	300,000	=₩1,000,000−₩700,000
당기순손실	100,000	유상증자	500,000	
기말자본	600,000			

▶ 정답 ②

3. ㈜한국의 재무제표 자료가 다음과 같을 때, 기말부채는?
   제26회

기초자산	₩12,000	총수익	₩30,000
기초부채	₩7,000	총비용	₩26,500
기말자산	₩22,000	유상증자	₩1,000
기말부채	?	현금배당	₩500

① ₩12,500   ② ₩13,000   ③ ₩13,500
④ ₩14,500   ⑤ ₩15,000

해설

기초자산 : ₩12,000−기초부채 ₩7,000=기초자본 ₩5,000

자 본			
현금배당	500	기초자본	5,000
총비용	26,500	유상증자	1,000
기말자본	9,000	총수익	30,000
	36,000		36,000

기말자산 : ₩22,000−기말부채 ( )=기말자본 ₩9,000 ⇨ ₩13,000   ▶ 정답 ②

02 회계의 순환과정

제1절   회계의 순환과정

1 회계의 순환과정

회계의 순환과정이란 거래의 발생으로부터 재무제표가 작성되기까지의 반복적인 과정을 말한다. 다시 말하면 회계는 거래를 기록·분류·요약하여 그것을 정보이용자에게 전달하는 것을 의미하므로 회계의 순환과정이란 경영자(작성자)와 정보이용자의 정보전달의 순환과정을 의미한다.

2 회계의 순환과정 절차

회계의 순환과정은 필수적인 절차와 몇 단계의 선택적인 절차로 구분할 수 있다. 필수적인 절차는 거래의 식별, 분개, 전기, 수정분개, 재무제표 작성, 장부마감의 순서로 이루어진다.

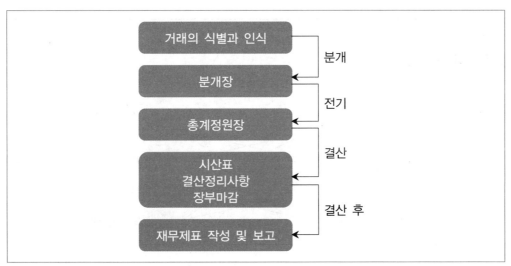

제2절 거래(去來)

1 회계상 거래

기업의 경영활동 과정에서 자산, 부채, 자본 및 수익과 비용의 증·감 변화를 가져오는 모든 경제적 활동을 말한다.

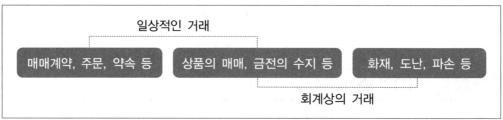

회계상의 거래	회계상의 거래가 아닌 것
현금의 수입과 지출 현금의 대여와 차입 현금의 분실 상품의 매매 유가증권(주식, 채권 등)의 구입과 처분 상품의 파손, 부패, 도난 건물·토지 등의 매매 건물 등의 가치 감소(=감가상각) 채권·채무의 발생과 소멸 매출채권의 회수불능(=대손상각) 수익·비용의 발생 화재 등으로 인한 재산손실 등	상품을 주문하다. 상품의 주문을 받다. 상품매매계약을 맺다. 건물사무실의 임대차계약을 맺다. 약속, 의뢰, 보관, 위탁 직원 채용 전기·수도료 등의 고지서 수취 등

2 거래의 8요소

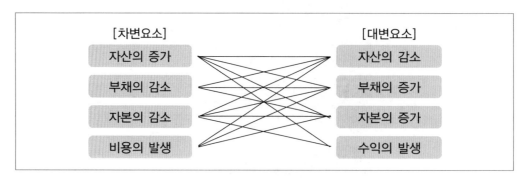

3 거래의 이중성

하나의 거래는 반드시 차변요소와 대변요소로 결합이 되며, 차변과 대변은 항상 같은 금액으로 거래가 이루어진다.

4 대차평균의 원리

거래의 이중성에 의해 전체 거래의 차변합계와 대변합계는 반드시 일치하는 것을 말한다.

5 거래의 종류

(1) 교환거래

① 자산, 부채, 자본의 증감변화만 발생하여 재무상태표에만 영향을 미치는 거래

② 수익과 비용이 전혀 발생하지 않아 손익계산서에는 영향을 미치지 않는 거래

(2) 손익거래

① 거래에서 발생하는 금액 전부가 수익 또는 비용인 거래

② 거래금액 전액 기업의 경영성과(손익)에 영향을 미치는 거래

(3) 혼합거래

① 거래에서 발생하는 금액 일부만 수익 또는 비용인 거래

② 거래금액 일부만 기업의 경영성과(손익)에 영향을 미치는 거래

확인문제

1. 회계 상 거래에 해당하지 않는 것은? 제22회

① 재고자산을 ₩300에 판매하였으나 그 대금을 아직 받지 않았다.

② 종업원의 급여 ₩500 중 ₩200을 지급하였으나, 나머지는 아직 지급하지 않았다.

③ 거래처와 원재료를 1kg당 ₩100에 장기간 공급받기로 계약하였다.

④ 비업무용 토지 ₩1,200을 타회사의 기계장치 ₩900과 교환하였다.

⑤ 거래처의 파산으로 매출채권 ₩1,000을 제거하였다.

해설

계약, 주문, 보관, 약속, 채용 등은 회계상 거래에 해당되지 않는다. ▶ 정답 ③

2. 회계거래에 해당하지 않는 것은?　　　　　　　　　　　　　　　　제16회

① 공동주택의 관리용역에 대한 계약을 체결하고 계약금 ₩100을 수령하였다.
② 본사창고에 보관 중인 ₩100 상당의 제품이 도난되었다.
③ 지하주차장 도장공사를 하고 대금 ₩100은 1개월 후에 지급하기로 하였다.
④ ₩100 상당의 상품을 구입하기 위해 주문서를 발송하였다.
⑤ 사무실 임차계약을 체결하고 1년분 임차료 ₩100을 지급하였다.

해설
계약, 주문, 보관, 약속, 채용 등은 회계상 거래에 해당되지 않는다.　　　　　▶ 정답 ④

제3절　계정(計定)

1　계정(計定, account)

거래의 발생에 따라 자산·부채·자본·수익·비용 등 각 항목의 증감변화를 상세히 기록·계산·정리하기 위하여 설정하는 단위를 '계정'이라 한다. 각 계정의 이름을 '계정과목', 계정기입 장소를 '계정계좌' 또는 '계좌'라고 한다.

2　계정의 분류

재무상태표 계정 (실질계정)	자산계정	현금, 예금, 단기대여금, 매출채권, 건물 등
	부채계정	매입채무, 단기차입금, 미지급금 등
	자본계정	자본금
손익계산서 계정 (명목계정)	수익계정	상품매출, 이자수익, 임대료 등
	비용계정	이자비용, 임차료, 급여, 보험료, 광고선전비 등

3　계정과목의 설정

계정과목은 기업의 종류와 규모 또는 그 조직형태에 적합하도록 설정한다.
① 계정과목은 그 계정에 기입되는 거래의 성격과 내용을 명확히 나타내도록 정한다.
② 하나의 계정과목에는 성질·종류가 같은 항목을 기재하여야 한다.
③ 한 번 설정한 계정과목은 함부로 변경해서는 안된다.

④ 거래의 횟수가 많고 금액이 큰 것은 세분하고, 그렇지 않은 것은 중요성에 따라 적절히 통합한다.

4 계정의 기입방법

거래는 거래의 이중성에 따라 반드시 여러 계정계좌의 차변 또는 대변에 기입된다. 그러므로 한 거래는 차변요소와 대변요소로 분해되어 차변요소는 그 계정의 차변에, 대변요소는 그 계정의 대변에 기입된다.

① 자산계정 : 증가는 차변에, 감소는 대변에 기입
② 부채계정 : 증가는 대변에, 감소는 차변에 기입
③ 자본계정 : 증가는 대변에, 감소는 차변에 기입
④ 수익계정 : 발생은 대변에 (소멸은 차변에 기입)
⑤ 비용계정 : 발생은 차변에 (소멸은 대변에 기입)

◆ 계정의 기입법칙과 잔액

자산 계정	
증가액	감소액
	잔액

부채 계정	
감소액	증가액
잔액	

자본 계정	
감소액	증가액
잔액	

비용 계정	
발생액	소멸액
	잔액

수익 계정	
소멸액	발생액
잔액	

5 대차평균의 원리

모든 거래는 차변요소와 대변요소로 분리되어 한 계정의 차변과 다른 계정의 대변에 동액이 기입되므로, 아무리 많은 거래가 기입되어도 차변합계의 금액과 대변합계의 금액은 반드시 일치한다.

제4절   분개(分介)

1   분개의 정의

분개란 회계 상의 거래를 계정에 기입하기 위한 과정을 말하며, '인식한다'거나 '회계 처리 한다'고 표현하기도 한다. 분개를 하기 위해서는 다음의 3가지 절차가 필요하다.

① 그 거래를 어느 계정에 기입할 것인가?

② 그 계정의 어느 변에 기입할 것인가?

③ 얼마를 기입할 것인가?

2   분개 방법

분개는 자산의 증가, 부채의 감소, 자본의 감소, 비용의 발생은 차변에 기록하고, 자산의 감소, 부채의 증가, 자본의 증가, 수익의 발생은 대변에 기록한다.

① 자산의 증가는 차변에, 감소는 대변에 기입한다.

② 부채의 증가는 대변에, 감소는 차변에 기입한다.

③ 자본의 증가는 대변에, 감소는 차변에 기입한다.

④ 수익의 발생은 대변에(소멸은 차변에) 기입한다.

⑤ 비용의 발생은 차변에(소멸은 대변에) 기입한다.

🔼 간편분개법

현금, 상품 등이 들어오면 '차변', 나가면 '대변'에 기록한다.

🔼 분개의 표시방법

① 차변은 왼쪽에, 대변은 오른쪽에 기록하는 방법

  (차) 상   품   ₩1,000,000   (대) 현   금   ₩1,000,000

② 차변과 대변을 " / "로 구분하는 방법

  상   품   ₩1,000,000   /   현   금   ₩1,000,000

③ 대변을 차변보다 약간 우측으로 밀어 쓰는 방법

  (차) 상   품   ₩1,000,000

      (대) 현   금   ₩1,000,000

위의 어느 방법을 사용하든지 상관이 없다.

참고

📖 주요 거래유형

1. 현금의 수입과 지출

구 분	거 래	차 변	대 변
현금 수입 거래	대여금에 대한 이자 ₩100,000을 현금으로 받다.	현금	이자수익
	소유 건물의 임대료 ₩500,000을 현금으로 받다.	현금	임대료
	외상매출금 ₩1,000,000을 현금으로 받다.	현금	외상매출금
	상품매출대금으로 받아두었던 약속어음 ₩3,000,000을 현금으로 받다.	현금	받을어음
	거래처에 3개월간 단기 대여했던 ₩1,500,000을 현금으로 받다.	현금	단기대여금
현금 지출 거래	차입금에 대한 이자 ₩280,000을 현금으로 지급하다.	이자비용	현금
	이달분 집세 ₩380,000을 현금으로 지급하다.	임차료	현금
	외상매입금 ₩2,500,000을 현금으로 지급하다.	외상매입금	현금
	상품매입대금으로 발행하였던 약속어음 ₩5,000,000을 현금으로 지급하다.	지급어음	현금
	국민은행의 단기차입금 ₩8,000,000을 현금으로 상환하다.	단기차입금	현금

2. 상품매매

구 분	거 래	차 변	대 변
상품 매입 거래	상품 ₩1,000,000을 현금으로 매입하다.	상품	현금
	상품 ₩3,000,000을 매입하고 대금은 당좌수표를 발행하여 지급하다.	상품	당좌예금
	상품 ₩25,000,000을 외상으로 매입하다.	상품	외상매입금
	상품 ₩13,000,000을 매입하고 대금은 약속어음을 발행하여 지급하다.	상품	지급어음
	상품 ₩50,000,000을 매입하고 대금 중 ₩20,000,000은 현금으로 지급하고 잔액은 외상으로 하다.	상품	현금 외상매입금
상품 매출 거래	상품 ₩1,000,000을 현금매출하다.	현금	매출
	상품 ₩1,000,000(원가 ₩500,000)을 현금매출하다.	현금 매출원가	매출 상품
	원가 ₩3,000,000의 상품을 ₩5,000,000에 외상으로 매출하다.	외상매출금 매출원가	매출 상품
	상품 ₩10,000,000(원가 ₩7,000,000)을 매출하고 대금은 3개월 만기의 약속어음으로 받다.	받을어음 매출원가	매출 상품

＊상품 매출거래의 회계처리 방법은 여러 가지가 있으나 입문과정에서는 위의 방법만 익혀도 된다.

3 분개장

분개장이란 거래를 발생순서에 따라 분개하여 기입하는 장부로서 병립식과 분할식이 있다. 분개장은 발생된 거래가 최초로 기록되는 장부이기 때문에 원시기입장이라고도 한다.

(병립식) 분 개 장

날 짜	적 요	원 면	차 변	대 변

(분할식) 분 개 장

차 변	원 면	날 짜	적 요	원 면	대 변

* 원면 : 총계정 원장의 면(번호)

예제

1. 다음 거래에 대하여 거래의 결합관계와 거래의 종류, 분개를 표시하라.

거래내용	결합관계 (차변) 분 개 (대변)		거래 종류
① 현금 ₩500을 출자하여 영업을 개시하다.	자산의 증가 현 금 ₩500	자본의 증가 자 본 금 ₩500	교환거래
② 현금 ₩200을 단기차입하다.	자산의 증가 현 금 ₩200	부채의 증가 단기차입금 ₩200	교환거래
③ 단기차입금 ₩100과 이자 ₩30을 현금지급하다.	부채의 감소 비용의 발생 단기차입금 ₩100 이 자 비 용 ₩30	자산의 감소 현 금 ₩130	혼합거래
④ 현금 ₩300을 단기대여하다.	자산의 증가 단기대여금 ₩300	자산의 감소 현 금 ₩300	교환거래
⑤ 단기대여금 ₩200과 이자 ₩50을 현금으로 받다.	자산의 증가 현 금 ₩250	자산의 감소 수익의 발생 단기대여금 ₩200 이 자 수 익 ₩50	혼합거래

36 회계원리

⑥ 단기차입금 ₩100에 대한 이자 ₩30을 현금지급하다.	비용의 발생	자산의 감소	손익거래
	이 자 비 용 ₩30	현 금 ₩30	

⑦ 단기대여금 ₩100에 대한 이자 ₩30을 현금으로 받다.	자산의 증가	수익의 발생	손익거래
	현 금 ₩30	이 자 수 익 ₩30	

⑧ 상품 ₩800을 외상으로 매입하다.	자산의 증가	부채의 증가	교환거래
	상 품 ₩800	외상매입금 ₩800	

⑨ 외상매입금 ₩500을 현금지급하다.	부채의 감소	자산의 감소	교환거래
	외상매입금 ₩500	현 금 ₩500	

⑩ 상품 ₩900(원가 ₩500)을 외상으로 매출하다.	자산의 증가 / 비용의 발생	수익의 발생 / 자산의 감소	손익거래
	외상매출금 ₩900 매 출 원 가 ₩500	매 출 ₩900 상 품 ₩500	

⑪ 외상매출금 ₩500을 현금으로 받다.	자산의 증가	자산의 감소	교환거래
	현 금 ₩500	외상매출금 ₩500	

2. 다음 거래에 대하여 거래의 결합관계와 거래의 종류 및 분개를 표시하라.

① 현금 ₩500,000을 출자하여 영업을 개시하다.

결합관계 : (차변요소) 자산의 증가 (대변요소) 자본의 증가 <교환거래>
분 개 : (차) 현 금 ₩500,000 (대) 자 본 금 ₩500,000

② 현금 ₩200,000을 단기차입하다.

결합관계 : (차변요소) 자산의 증가 (대변요소) 부채의 증가 <교환거래>
분 개 : (차) 현 금 ₩200,000 (대) 단 기 차 입 금 ₩200,000

③ 단기차입금 ₩100,000과 이자 ₩20,000을 현금 지급하다.

결합관계 : (차변요소) 부채의 감소 (대변요소) 자산의 감소 <혼합거래>
         비용의 발생
분 개 : (차) 단 기 차 입 금 ₩100,000 (대) 현 금 ₩120,000
         이 자 비 용 ₩20,000

④ 현금 ₩300,000을 단기대여하다.

결합관계 : (차변요소) 자산의 증가 (대변요소) 자산의 감소 <교환거래>
분 개 : (차) 단 기 대 여 금 ₩300,000 (대) 현 금 ₩300,000

⑤ 단기대여금 ₩200,000과 이자 ₩30,000을 현금으로 받다.

결합관계 : (차변요소) 자산의 증가	(대변요소) 자산의 감소	<혼합거래>
	수익의 발생	
분　개 : (차) 현　　　　금　₩230,000	(대) 단 기 대 여 금　₩200,000	
	이 자 수 익　₩30,000	

⑥ 단기차입금 ₩100,000에 대한 이자 ₩15,000을 현금 지급하다.

결합관계 : (차변요소) 비용의 발생	(대변요소) 자산의 감소	<손익거래>
분　개 : (차) 이 자 비 용　₩15,000	(대) 현　　　　금　₩15,000	

⑦ 단기대여금 ₩100,000에 대한 이자 ₩20,000을 현금으로 받다.

결합관계 : (차변요소) 자산의 증가	(대변요소) 수익의 발생	<손익거래>
분　개 : (차) 현　　　　금　₩20,000	(대) 이 자 수 익　₩20,000	

⑧ 상품 ₩800,000을 외상으로 매입하다.

결합관계 : (차변요소) 자산의 증가	(대변요소) 부채의 증가	<교환거래>
분　개 : (차) 상　　　　품　₩800,000	(대) 외 상 매 입 금　₩800,000	

⑨ 외상매입금 ₩500,000을 현금 지급하다.

결합관계 : (차변요소) 부채의 감소	(대변요소) 자산의 감소	<교환거래>
분　개 : (차) 외 상 매 입 금　₩500,000	(대) 현　　　　금　₩500,000	

⑩ 원가 ₩500,000의 상품을 ₩900,000에 외상으로 매출하다.

결합관계 : (차변요소) 자산의 증가	(대변요소) 수익의 발생	<손익거래>
	비용의 발생	자산의 감소	
분　개 : (차) 외 상 매 출 금　₩900,000	(대) 매　　　　출　₩900,000	
	매 출 원 가　₩500,000	상　　　　품　₩500,000	

⑪ 외상매출금 ₩500,000을 현금으로 받다.

결합관계 : (차변요소) 자산의 증가	(대변요소) 자산의 감소	<교환거래>
분　개 : (차) 현　　　　금　₩500,000	(대) 외 상 매 출 금　₩500,000	

⑫ 상품을 ₩150,000에 매출하고 대금은 동점발행의 약속어음으로 받다.

결합관계 : (차변요소) 자산의 증가	(대변요소) 수익의 발생	<손익거래>
분　개 : (차) 받 을 어 음　₩150,000	(대) 매　　　　출　₩150,000	

⑬ 상품매출대금으로 받은 약속어음 ₩150,000을 현금으로 회수하다.

결합관계 : (차변요소) 자산의 증가	(대변요소) 자산의 감소	<교환거래>
분　개 : (차) 현　　　　금　₩150,000	(대) 받 을 어 음　₩150,000	

⑭ 현금 ₩900,000을 당좌예입하다.

결합관계 : (차변요소) 자산의 증가	(대변요소) 자산의 감소	<교환거래>

분   개 : (차) 당 좌 예 금 ₩150,000   (대) 현   금 ₩150,000

⑮ 상품 ₩800,000을 매입하고 대금 중 ₩200,000은 현금으로, ₩300,000은 수표를 발행하여 지급하고 잔액은 외상으로 하다.

결합관계 : (차변요소) 자산의 증가	(대변요소) 자산의 감소	<교환거래>
	부채의 증가	

분   개 : (차) 상   품 ₩800,000   (대) 현   금 ₩200,000
                                                  당 좌 예 금 ₩300,000
                                                  외 상 매 입 금 ₩300,000

3. 다음의 거래를 분개하시오.

① 현금 ₩50,000,000과 건물 ₩30,000,000으로 영업을 시작하다.
② 한양상회에서 상품 ₩10,000,000을 외상으로 매입하다.
③ 영업용 중고 자동차를 ₩3,000,000에 현금 구입하다.
④ 강원상점에 상품을 ₩2,000,000(원가 ₩1,500,000)에 판매하고 대금은 외상으로 하다.
⑤ 하나은행으로부터 현금 ₩3,000,000을 차입(상환기간 6개월)하다.
⑥ 강원상회에 외상으로 판매한 상품대금 중 일부 ₩1,000,000을 현금으로 회수하다.
⑦ 한양상회에서 외상으로 매입한 상품 대금 중 ₩5,000,000을 현금으로 지급하다.
⑧ 직원의 급료 ₩1,800,000을 현금으로 지급하다.
⑨ 하나은행에서 빌려온 차입금에 대한 이자 ₩220,000을 현금을 지급하다.
⑩ 이번 달 영업비 ₩350,000을 현금으로 지급하다.

① (차)   (대)

② (차)   (대)
③ (차)   (대)
④ (차)   (대)

⑤ (차)   (대)
⑥ (차)   (대)
⑦ (차)   (대)
⑧ (차)   (대)
⑨ (차)   (대)
⑩ (차)   (대)

▶ 정답

①	(차) 현	금	₩50,000,000	(대) 자	본	금	₩80,000,000
	건	물	₩30,000,000				
②	(차) 상	품	₩10,000,000	(대) 외 상 매 입	금	₩10,000,000
③	(차) 차 량 운 반 구	₩3,000,000	(대) 현	금	₩3,000,000
④	(차) 외 상 매 출	금	₩2,000,000	(대) 매	출	₩2,000,000
	매 출 원	가	₩1,500,000	상	품	₩1,500,000
⑤	(차) 현	금	₩3,000,000	(대) 단 기 차 입	금	₩3,000,000
⑥	(차) 현	금	₩1,000,000	(대) 외 상 매 출	금	₩1,000,000
⑦	(차) 외 상 매 입	금	₩5,000,000	(대) 현	금	₩5,000,000
⑧	(차) 급	여	₩1,800,000	(대) 현	금	₩1,800,000
⑨	(차) 이 자 비 용	₩220,000	(대) 현	금	₩220,000
⑩	(차) 영 업 비	₩350,000	(대) 현	금	₩350,000

4. 다음 거래를 분개하시오.

① 현금 ₩5,000,000을 출자하여 영업을 개시하다.

(차)   (대)

② 현금 ₩5,000,000(이 중 단기차입금 ₩2,000,000)을 출자하여 영업을 개시하다.

(차)   (대)

③ 현금 ₩1,000,000을 3개월 상환조건으로 대여하다.

(차)   (대)

④ 단기대여금 ₩800,000과 그 이자 ₩100,000을 현금으로 받다.

(차)   (대)

⑤ 현금 ₩500,000을 6개월 상환조건으로 차입하다.

(차)   (대)

⑥ 단기차입금 ₩300,000과 이자 ₩50,000을 현금으로 지급하다.

(차)   (대)

⑦ 단기대여금에 대한 이자 ₩50,000을 현금으로 받다.

(차)   (대)

⑧ 단기차입금에 대한 이자 ₩30,000을 현금 지급하다.

(차)   (대)

⑨ 상품 ₩800,000을 매입하고 현금으로 지급하다.

(차)   (대)

⑩ 상품 ₩500,000을 외상으로 매입하다.

　(차)　　　　　　　　　　　　　(대)

⑪ 외상매입금 ₩500,000을 현금 지급하다.

　(차)　　　　　　　　　　　　　(대)

⑫ 원가 ₩400,000의 상품을 ₩550,000에 매출하고 대금은 현금으로 받다.

　(차)　　　　　　　　　　　　　(대)

⑬ 상품을 ₩450,000(원가 ₩300,000)에 외상으로 매출하다.

　(차)　　　　　　　　　　　　　(대)

⑭ 외상매출금 중 ₩300,000을 현금으로 받다.

　(차)　　　　　　　　　　　　　(대)

⑮ 상품 ₩700,000을 매입하고 대금은 약속어음을 발행하여 교부하다.

　(차)　　　　　　　　　　　　　(대)

⑯ 상품대금으로 발행한 약속어음 ₩700,000을 현금으로 지급하다.

　(차)　　　　　　　　　　　　　(대)

⑰ 상품 ₩500,000을 매출하고 대금은 약속어음으로 받다.

　(차)　　　　　　　　　　　　　(대)

⑱ 상품대금으로 받은 약속어음 ₩500,000을 만기가 되어 현금으로 받다.

　(차)　　　　　　　　　　　　　(대)

⑲ 현금 ₩1,500,000을 당좌예입하다.

　(차)　　　　　　　　　　　　　(대)

⑳ 현대상사의 주식 100주를 단기매매 목적으로 주당 ₩10,000에 구입하고 대금은 수표발행하여 지급하다.

　(차)　　　　　　　　　　　　　(대)

㉑ 소유하고 있던 현대상사 주식 50주(주당 원가 ₩10,000)를 1주당 ₩12,000에 처분하고 대금은 현금으로 받다.

　(차)　　　　　　　　　　　　　(대)

㉒ 소유하고 있던 현대상사 주식 50주(1주당 원가 ₩10,000)를 1주당 ₩9,000에 매각처분하고 대금은 현금으로 받아 당좌예입하다.

(차)   (대)

㉓ ㈜미래 발행의 사채 ₩1,000,000을 단기투자 목적으로 구입하고 대금은 월말에 지급하기로 하다.

(차)   (대)

㉔ 소지하고 있던 ㈜미래 발행의 사채 ₩1,000,000을 ₩1,200,000에 매각하고 대금은 월말에 받기로 하다.

(차)   (대)

㉕ 상품 ₩2,500,000을 주문하고, 계약금 ₩300,000을 현금 지급하다.

(차)   (대)

㉖ 주문한 상품(문제 ㉕) ₩2,500,000이 도착되어 이를 인수하다.

(차)   (대)

㉗ 상품 ₩3,000,000의 주문은 받고, 계약금 ₩500,000을 현금으로 받다.

(차)   (대)

㉘ 주문받은 상품(문제 ㉗) ₩3,000,000을 화물회사를 통하여 발송하다.

(차)   (대)

㉙ 종업원에 대한 급료 ₩880,000을 현금 지급하다.

(차)   (대)

㉚ 집세 ₩250,000을 현금 지급하다.

(차)   (대)

㉛ 영업용 자동차에 대한 보험료 ₩230,000을 현금 지급하다.

(차)   (대)

㉜ 영업용 자동차에 대한 자동차세 ₩35,000을 현금 지급하다.

(차)   (대)

㉝ 전기요금 ₩80,000과 수도요금 ₩40,000을 현금 지급하다.

(차)   (대)

㉞ 건물을 수선하고 수선비 ₩150,000을 수표발행하여 지급하다.

(차)   (대)

㉟ 광고물 제작비 ₩350,000을 수표발행하여 지급하다.

(차)   (대)

㊱ 종업원의 출장비 ₩100,000을 현금 지급하다.

(차)   (대)

㊲ 현금 ₩30,000을 분실하다.

(차)   (대)

㊳ 집세 ₩180,000을 현금으로 받다.

(차)   (대)

㊴ 소유하고 있는 계룡상사 주식에 대한 배당금 ₩150,000을 현금으로 받다.

(차)   (대)

㊵ 사무실에서 발생한 폐지, 폐품 등을 처분하고 ₩30,000을 현금으로 받다.

(차)   (대)

▶ 정답

		차변	금액		대변	금액
①	(차)	현　　　　　금	₩5,000,000	(대)	자　　본　　금	₩5,000,000
②	(차)	현　　　　　금	₩5,000,000	(대)	단 기 차 입 금	₩2,000,000
					자　　본　　금	₩3,000,000
③	(차)	단 기 대 여 금	₩1,000,000	(대)	현　　　　　금	₩1,000,000
④	(차)	현　　　　　금	₩900,000	(대)	단 기 대 여 금	₩800,000
					이　자　수　익	₩100,000
⑤	(차)	현　　　　　금	₩500,000	(대)	단 기 차 입 금	₩500,000
⑥	(차)	단 기 차 입 금	₩300,000	(대)	현　　　　　금	₩350,000
		이　자　비　용	₩50,000			
⑦	(차)	현　　　　　금	₩50,000	(대)	이　자　수　익	₩50,000
⑧	(차)	이　자　비　용	₩30,000	(대)	현　　　　　금	₩30,000
⑨	(차)	상　　　　　품	₩800,000	(대)	현　　　　　금	₩800,000
⑩	(차)	상　　　　　품	₩500,000	(대)	외 상 매 입 금	₩500,000
⑪	(차)	외 상 매 입 금	₩500,000	(대)	현　　　　　금	₩500,000
⑫	(차)	현　　　　　금	₩550,000	(대)	매　　　　　출	₩550,000
		매　출　원　가	₩400,000		상　　　　　품	₩400,000
⑬	(차)	외 상 매 출 금	₩450,000	(대)	매　　　　　출	₩450,000
		매　출　원　가	₩300,000		상　　　　　품	₩300,000
⑭	(차)	현　　　　　금	₩300,000	(대)	외 상 매 출 금	₩300,000
⑮	(차)	상　　　　　품	₩700,000	(대)	지　급　어　음	₩700,000
⑯	(차)	지　급　어　음	₩700,000	(대)	현　　　　　금	₩700,000
⑰	(차)	받　을　어　음	₩500,000	(대)	매　　　　　출	₩500,000
⑱	(차)	현　　　　　금	₩500,000	(대)	받　을　어　음	₩500,000

⑲	(차)	당 좌 예 금	₩1,500,000	(대)	현		금	₩1,500,000
⑳	(차)	당 기 손 익 금 융 자 산	₩1,000,000	(대)	당 좌 예 금			₩1,000,000
㉑	(차)	현 금	₩600,000	(대)	당 기 손 익 금 융 자 산			₩500,000
					금 융 자 산 처 분 이 익			₩100,000
㉒	(차)	당 좌 예 금	₩450,000	(대)	당 기 손 익 금 융 자 산			₩500,000
		금 융 자 산 처 분 손 실	₩50,000					
㉓	(차)	당 기 손 익 금 융 자 산	₩1,000,000	(대)	미 지 급 금			₩1,000,000
㉔	(차)	미 수 금	₩1,200,000	(대)	당 기 손 익 금 융 자 산			₩1,000,000
					금 융 자 산 처 분 이 익			₩200,000
㉕	(차)	선 급 금	₩300,000	(대)	현		금	₩300,000
㉖	(차)	상 품	₩2,500,000	(대)	선 급 금			₩300,000
					외 상 매 입 금			₩2,200,000
㉗	(차)	현 금	₩500,000	(대)	선 수 금			₩500,000
㉘	(차)	선 수 금	₩500,000	(대)	매		출	₩3,000,000
		외 상 매 출 금	₩2,500,000					
㉙	(차)	급 여	₩880,000	(대)	현		금	₩880,000
㉚	(차)	임 차 료	₩250,000	(대)	현		금	₩250,000
㉛	(차)	보 험 료	₩230,000	(대)	현		금	₩230,000
㉜	(차)	세 금 과 공 과	₩35,000	(대)	현		금	₩35,000
㉝	(차)	수 도 광 열 비	₩120,000	(대)	현		금	₩120,000
㉞	(차)	수 선 비	₩150,000	(대)	당 좌 예 금			₩150,000
㉟	(차)	광 고 선 전 비	₩350,000	(대)	당 좌 예 금			₩350,000
㊱	(차)	여 비 교 통 비	₩100,000	(대)	현		금	₩100,000
㊲	(차)	잡 손 실	₩30,000	(대)	현		금	₩30,000
㊳	(차)	현 금	₩180,000	(대)	임 대 료			₩180,000
㊴	(차)	현 금	₩150,000	(대)	배 당 금 수 익			₩150,000
㊵	(차)	현 금	₩30,000	(대)	잡 이 익			₩30,000

확인문제 🖉

1. 자산과 비용에 모두 영향을 미치는 거래는? 제25회

① 당기 종업원급여를 현금으로 지급하였다.

② 비품을 외상으로 구입하였다.

③ 현금을 출자하여 회사를 설립하였다.

④ 매입채무를 당좌예금으로 지급하였다.

⑤ 기존 차입금에 대하여 추가 담보를 제공하였다.

해설

①	(차)	급여(비용의 발생)	×××	(대)	현금(자산의 감소)	×××
②	(차)	비품(자산의 증가)	×××	(대)	미지급금(부채의 증가)	×××
③	(차)	현금(자산의 증가)	×××	(대)	자본금(자본의 증가)	×××
④	(차)	매입채무(부채의 감소)	×××	(대)	당좌예금(자산의 감소)	×××

⑤ 담보 제공은 회계상 거래가 아니다. ▶ 정답 ①

2. 자산을 증가시키면서 동시에 수익을 발생시키는 회계거래는?　　제21회

① 상품판매계약을 체결하고 계약금을 수령하였다.
② 은행으로부터 설비투자자금을 차입하였다.
③ 건물에 대한 화재보험계약을 체결하고 1년분 보험료를 선급하였다.
④ 전기에 외상으로 매입한 상품 대금을 현금으로 지급하였다.
⑤ 경영컨설팅 용역을 제공하고 그 대금은 외상으로 하였다.

해설

① (차) 현금	×××	(대) 선수금 또는 계약부채	×××
(자산의 증가)		(부채의 증가)	
② (차) 현금	×××	(대) 차입금	×××
(자산의 증가)		(부채의 증가)	
③ (차) 보험료 또는 선급보험료	×××	(대) 현금	×××
(비용의 발생 또는 자산의 증가)		(자산의 감소)	
④ (차) 외상매입금	×××	(대) 현금	×××
(부채의 감소)		(자산의 감소)	
⑤ (차) 외상매출금	×××	(대) 매출 또는 용역수익	×××
(자산의 증가)		(수익의 발생)	

▶ 정답 ⑤

3. ㈜한국의 회계상 거래 중 비용이 발생하고 부채가 증가하는 거래는?　　제26회

① 전기에 토지를 처분하고 받지 못한 대금을 현금수취하였다.
② 화재로 인하여 자사 컴퓨터가 소실되었다.
③ 당해 연도 발생한 임차료를 지급하지 않았다.
④ 대여금에서 발생한 이자수익을 기말에 인식하였다.
⑤ 전기에 지급하지 못한 종업원 급여에 대하여 당좌수표를 발행하여 지급하였다.

해설

① (차) 현금	×××	(대) 미수금	×××
(자산의 증가)		(자산의 감소)	
② (차) 재해손실	×××	(대) 비품	×××
(비용의 발생)		(자산의 감소)	
③ (차) 임차료	×××	(대) 미지급임차료	×××
(비용의 발생)		(부채의 증가)	
④ (차) 미수수익	×××	(대) 이자수익	×××
(자산의 증가)		(수익의 발생)	
⑤ (차) 미지급급여	×××	(대) 당좌예금	×××
(부채의 감소)		(자산의 감소)	

▶ 정답 ③

제5절 전기(傳記)

1 전기와 총계정원장

기업은 재무상태의 변동내용을 기록하기 위하여 자산, 부채, 자본, 수익, 비용항목에 대하여 독립적인 계정을 사용하고 있다. 이러한 각 계정의 집합체를 총계정원장이라고 하며, 분개장에 기입된 분개를 각 계정계좌(총계정원장)에 옮겨 적는 절차를 전기라 한다.

(표준식)　　　　　　　　　　　　　(계 정 과 목)

날 짜	적 요	분 면	금 액	날 짜	적 요	분 면	금 액

(잔액식)　　　　　　　　　　　　　(계 정 과 목)

날 짜	적 요	분 면	차 변	대 변	차 · 대	잔 액

🔺 분면 : 분개장의 면(번호)

학습상 '표준식'을 요약하여 'T계정'으로 표시하면 다음과 같다.

(계 정 과 목)

(차 변)　　　　　　　(대 변)

2 전기방법

분개의 해당과목을 찾아 차변금액은 차변에, 대변금액은 대변에 기입하고 계정과목란에는 상대편 계정과목을 기입한다. 단, 상대편 계정과목이 2개 이상일 경우에는 '제좌'라고 기입한다.

예제

1. 다음 거래를 분개하고 총계정원장에 전기하시오.

1월 1일   현금 ₩500,000을 출자하여 영업을 개시하다.
　　　　　(차)　　　　　　　　　　　(대)

2월 6일   상품 ₩300,000을 매입하고 대금 중 ₩100,000은 현금으로 지급하고 잔액은 외상
　　　　　으로 하다.
　　　　　(차)　　　　　　　　　　　(대)

4월 18일   상품 ₩600,000(원가 ₩200,000)을 매출하고 ₩300,000은 현금으로 받고 잔액은
　　　　　외상으로 하다.
　　　　　(차)　　　　　　　　　　　(대)

5월 17일   종업원의 급여 ₩180,000을 현금으로 지급하다.
　　　　　(차)　　　　　　　　　　　(대)

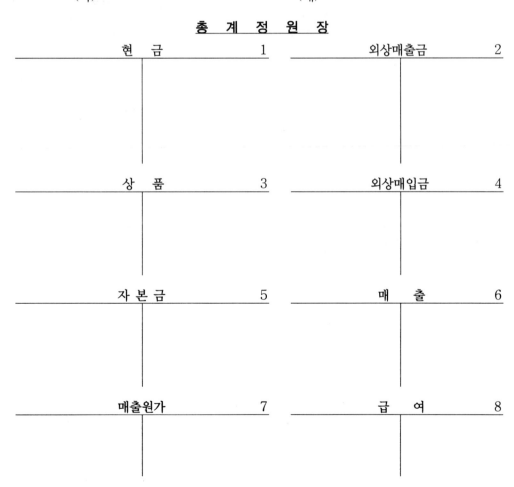

▶ 정답

1/1	(차)	현금	₩500,000	(대)	자본금	₩500,000
2/6	(차)	상품	₩300,000	(대)	현금	₩100,000
					외상매입금	₩200,000
4/18	(차)	현금	₩300,000	(대)	매출	₩600,000
		외상매출금	₩300,000			
	(차)	매출원가	₩200,000	(대)	상품	₩200,000
5/17	(차)	급여	₩180,000	(대)	현금	₩180,000

총 계 정 원 장

현 금			1		외상매출금		2
1/1 자본금 ₩500,000		2/6 상품 ₩100,000		4/18 매출 ₩300,000			
4/18 매출 ₩300,000		5/17 급여 ₩180,000					

상 품			3		외상매입금		4
2/6 제좌 ₩300,000		4/18 매출원가 ₩200,000				2/6 상품 ₩200,000	

자 본 금			5		매 출		6
		1/1 현금 ₩500,000				4/18 제좌 ₩600,000	

매출원가			7		급 여		8
4/18 상품 ₩200,000				5/17 현금 ₩180,000			

2. 다음 거래를 분개하고 총계정원장에 전기하시오.

1월 1일   현금 ₩500,000(단기차입금 ₩300,000 포함)을 출자하여 영업을 개시하다.
(차)   (대)

1월 6일   상품 ₩300,000을 매입하고 대금 중 ₩200,000은 현금으로 지급하고 잔액은 외상으로 하다.
(차)   (대)

1월 18일 상품 ₩500,000(원가 ₩200,000)을 매출하고 ₩300,000은 현금으로 받고 잔액은 외상으로 하다.
(차)   (대)

1월 25일 종업원의 급여 ₩150,000을 현금으로 지급하다.
(차)   (대)

1월 31일 이달분 집세 ₩100,000을 현금으로 지급하다.
(차)   (대)

총 계 정 원 장

현 금 1	외상매출금 2

상 품 3	단기차입금 4

외상매입금 5	자 본 금 6

매 출 7	매출원가 8

급 여 9	임 차 료 10

▶ 정답

1/1	(차)	현금	₩500,000	(대)	단기차입금	₩300,000
					자본금	₩200,000
1/6	(차)	상품	₩300,000	(대)	현금	₩200,000
					외상매입금	₩100,000
1/18	(차)	현금	₩300,000	(대)	매출	₩500,000
		외상매출금	₩200,000			
	(차)	매출원가	₩200,000	(대)	상품	₩200,000
1/25	(차)	급여	₩150,000	(대)	현금	₩150,000
1/31	(차)	임차료	₩100,000	(대)	현금	₩100,000

총 계 정 원 장

	현 금		1
1/1 자본금	₩500,000	1/6 상품	₩200,000
1/18 매출	₩300,000	1/25 급여	₩150,000
		1/31 임차료	₩100,000

	외상매출금	2
1/18 매출	₩200,000	

	상 품		3
1/6 제좌	₩300,000	1/18 매출원가	₩200,000

	단기차입금		4
		1/1 현금	₩300,000

	외상매입금		5
		1/6 상품	₩100,000

	자 본 금		6
		1/1 현금	₩200,000

	매 출		7
		1/18 제좌	₩500,000

	매출원가	8
1/18 상품	₩200,000	

	급 여	9
1/25 현금	₩150,000	

	임 차 료	10
1/31 현금	₩100,000	

3. 다음 총계정원장의 전기내용을 보고 분개를 추정하시오.

1.

현 금		상 품	
상 품 ₩5,000		현 금 ₩5,000	

<분 개> (차)	(대)

<거래내용>

2.

현 금		단기차입금	
단기차입금 ₩5,000		현 금 ₩5,000	

<분 개> (차)	(대)

<거래내용>

3.

현 금		외상매입금	
외상매입금 ₩5,000		현 금 ₩5,000	

<분 개> (차)	(대)

<거래내용>

4.

외상매출금		매 출	
매출 ₩10,000		외상매출금 ₩10,000	

<분 개> (차)	(대)

<거래내용>

5.

단기차입금		현 금	
현 금 ₩9,000		제 좌 ₩10,000	

이 자 비 용	
현 금 ₩1,000	

<분 개> (차)	(대)

<거래내용>

▶ 정답

1	〈분　개〉	(차) 상 품	₩5,000	(대) 현 금	₩5,000
	〈거래내용〉	상품 ₩5,000을 매입하고 대금은 현금으로 지급하다.			
2	〈분　개〉	(차) 현 금	₩5,000	(대) 단기차입금	₩5,000
	〈거래내용〉	현금 ₩5,000을 단기간 차입하다.			
3	〈분　개〉	(차) 외상매입금	₩5,000	(대) 현 금	₩5,000
	〈거래내용〉	외상매입금 ₩5,000을 현금으로 지급하다.			
4	〈분　개〉	(차) 외상매출금	₩10,000	(대) 매 출	₩10,000
	〈거래내용〉	상품 ₩10,000을 외상으로 매출하다.			
5	〈분　개〉	(차) 단기차입금 이자비용	₩9,000 ₩1,000	(대) 현 금	₩10,000
	〈거래내용〉	단기차입금 ₩9,000과 이자 ₩1,000을 현금으로 지급하다.			

제6절　결산(決算)

1　결산(決算, closing)

결산(決算, Closing)이란 보고기간 말에 기업의 재무상태와 경영성과를 파악하기 위하여 장부를 정리·마감하는 절차를 결산이라 한다.

2　결산절차

예비절차	시산표, 재고조사표, 정산표
본절차	• 총계정원장 마감 　-수익, 비용 계정의 '손익'계정에 대체 　-손익계정의 잔액을 '자본금'계정에 대체 　-자산, 부채, 자본계정을 '차기이월'로 마감 • 기타 장부 마감
(결산 후) 재무제표 작성	재무상태표, (포괄)손익계산서, 자본변동표, 현금흐름표 및 주석

3 시산표(試算表, Trial balance : T/B)

거래에 대한 분개를 총계정원장에 전기하게 되는 데, 이 때 총계정원장에 기입된 금액이 일치하는지를 확인하기 위하여 작성하는 일람표이다.
시산표를 작성한 경우 차·대변의 합계액은 대차평균의 원리에 의해 반드시 일치해야 한다.

(1) 합계시산표

총계정원장의 차변 합계액과 대변 합계액을 집계하여 작성한다.

(2) 잔액시산표

총계정원장의 잔액만을 집계하여 작성한 것이며, 자산과 비용은 차변에, 부채와 자본, 수익은 대변에 기입된다.

> 시산표 등식 : 기말자산＋총비용＝기말부채＋기초자본＋총수익
> └── 차 변 ──┘   └── 대 변 ──┘

(3) 합계잔액시산표

합계시산표와 잔액시산표를 합한 것으로 거래 총액과 잔액을 모두 알 수 있다.

(4) 시산표에서 발견할 수 없는 오류

시산표는 차변과 대변 합계액(잔액)이 일치하는 것을 확인하는 것으로 차변과 대변 합계액(잔액)이 일치하면 정확하다고 본다. 그러나 합계액이 일치한다고 해도 다음과 같은 오류가 있을 수 있다. 이를 시산표에서 발견할 수 없는 오류라고 한다.

🔷 **시산표에서 발견할 수 없는 오류**

> ① 어떤 거래를 분개하지 않거나 전기하지 않은 경우(누락)
> ② 어떤 거래를 이중으로 분개하거나 전기한 경우(중복)
> ③ 대차를 반대로 분개했거나 전기한 경우
> ④ 실제와 다른 계정과목으로 분개했거나 전기한 경우
> ⑤ 대차 양변을 같은 금액으로 틀리게 분개했거나 전기한 경우
> ⑥ 두 가지 이상의 오류가 우연히 일치하여 상계된 경우

1. 다음 총계정원장의 자료를 이용하여 합계잔액시산표를 작성하시오.

총 계 정 원 장

현 금			외상매출금	
₩5,000,000	₩2,000,000		₩7,500,000	₩2,500,000

상 품			단기차입금	
₩6,500,000	₩3,000,000		₩2,500,000	₩4,500,000

외상매입금			자 본 금	
₩1,500,000	₩3,000,000			₩5,000,000

매 출			수수료수익	
	₩6,500,000			₩500,000

매출원가			급 여	
₩3,000,000			₩1,000,000	

합 계 잔 액 시 산 표

차 변		계 정 과 목	대 변	
잔 액	합 계		합 계	잔 액

▶ 정답

합 계 잔 액 시 산 표

차	변	계 정 과 목	대	변
잔 액	합 계		합 계	잔 액
₩3,000,000	₩5,000,000	현 금	₩2,000,000	
₩5,000,000	₩7,500,000	외 상 매 출 금	₩2,500,000	
₩3,500,000	₩6,500,000	상 품	₩3,000,000	
	₩2,500,000	단 기 차 입 금	₩4,500,000	₩2,000,000
	₩1,500,000	외 상 매 입 금	₩3,000,000	₩1,500,000
		자 본 금	₩5,000,000	₩5,000,000
		매 출	₩6,500,000	₩6,500,000
		수 수 료 수 익	₩500,000	₩500,000
₩3,000,000	₩3,000,000	매 출 원 가		
₩1,000,000	₩1,000,000	급 여		
₩15,500,000	₩27,000,000		₩27,000,000	₩15,500,000

확인문제 ✎

1. 수정전시산표에 관한 설명으로 옳지 않은 것은? 제20회

① 통상 재무제표를 작성하기 이전에 거래가 오류 없이 작성되었는지 자기검증하기 위하여 작성한다.

② 총계정원장의 총액 혹은 잔액을 한 곳에 모아놓은 표이다.

③ 결산 이전의 오류를 검증하는 절차로 원장 및 분개장과 더불어 필수적으로 작성해야 한다.

④ 복식부기의 원리를 전제로 한다.

⑤ 차변합계와 대변합계가 일치하더라도 계정분류, 거래인식의 누락 등에서 오류가 발생했을 수 있다.

해설

③ 시산표는 기중 거래가 오류 없이 작성되었는지 대차평균원리로 합계나 잔액을 통해 검증하는 일람표이며 필수적 사항이 아니다. ▶ 정답 ③

2. 시산표의 차변금액이 대변금액보다 크게 나타나는 오류에 해당하는 것은? 제23회

① 건물 취득에 대한 회계처리가 누락되었다.

② 차입금 상환에 대해 분개를 한 후, 차입금계정에는 전기를 하였으나 현금계정에는 전기를 누락하였다.

③ 현금을 대여하고 차변에는 현금으로 대변에는 대여금으로 동일한 금액을 기록하였다.

④ 미수금 회수에 대해 분개를 한 후, 미수금계정에는 전기를 하였으나 현금계정에는 전기를 누락하였다.

⑤ 토지 처분에 대한 회계처리를 중복해서 기록하였다.

해설

차입금 상환시 분개 : (차) 차입금   ×××   (대) 현금   ×××

차변에는 전기하였으나 대변에 전기를 누락하였으므로 차변금액이 대변금액보다 크게 나타난다.

▶ 정답 ②

3. 시산표에서 발견할 수 있는 오류는? 제16회

① 비품을 현금으로 구입한 거래를 두 번 반복하여 기록하였다.

② 사채 계정의 잔액을 매도가능금융자산 계정의 차변에 기입하였다.

③ 건물 계정의 잔액을 투자부동산 계정의 차변에 기입하였다.

④ 개발비 계정의 잔액을 연구비 계정의 차변에 기입하였다.

⑤ 매입채무를 현금으로 지급한 거래에 대한 회계처리가 누락되었다.

해설

② 대변 항목을 차변에 기입함으로써 대차합계금액이 일치하지 않는다. 나머지는 모두 대차합계금액이 일치되는 시산표에서 발견할 수 없는 오류에 해당된다.

▶ 정답 ②

---

4 총계정원장의 마감방법

① **수익, 비용 계정의 잔액을 (집합)손익 계정에 대체**

수익 대체분개 : (차) 해당수익   ×××   (대) 손   익   ×××

비용 대체분개 : (차) 손   익   ×××   (대) 해당비용   ×××

② **(집합)손익 계정의 잔액을 자본금 계정(주식회사 : 이익잉여금 계정)에 대체**

[당기순이익인 경우(개인기업)]

(차) 손   익 ×××   (대) 자 본 금 ×××

[당기순손실인 경우(개인기업)]

(차) 자 본 금 ×××   (대) 손   익 ×××

③ **자산, 부채, 자본 계정을 '차기이월'로 마감**

자산, 부채, 자본 계정의 잔액을 '차기이월'(차기 초에 차기이월 반대쪽에 전기이월)로 마감한 후 이월시산표를 작성한다.

예제

다음 총계정원장을 마감하시오.

총 계 정 원 장

현 금	1
1/1 자본금 ₩500,000	2/6 상품 ₩100,000
4/18 매출 ₩300,000	5/17 급여 ₩180,000

외상매출금	2
4/18 매출 ₩300,000	

상 품	3
2/6 제좌 ₩300,000	4/18 매출원가 ₩200,000

외상매입금	4
	2/6 상품 ₩200,000

자 본 금	5
	1/1 현금 ₩500,000

매 출	6
	4/18 제좌 ₩600,000

매출원가	7
4/18 상품 ₩200,000	

급 여	8
5/17 현금 ₩180,000	

비 고	차 변	금 액	대 변	금 액
수익대체분개				
비용대체분개				
순손익대체분개				

(집합)손익

이월시산표

▶ 정답

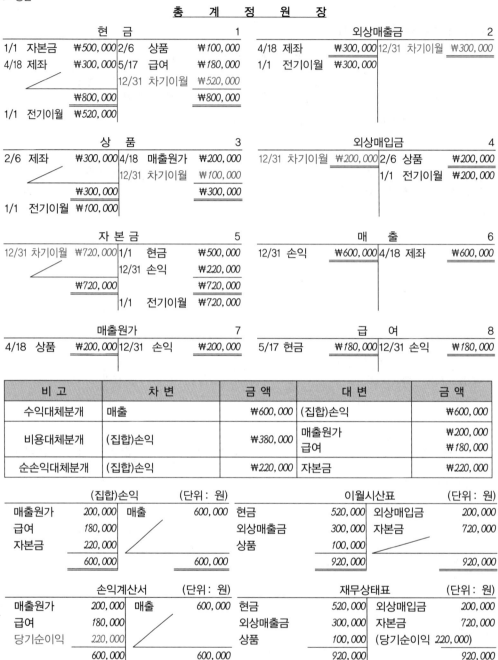

총 계 정 원 장

현 금			1
1/1 자본금	₩500,000	2/6 상품	₩100,000
4/18 제좌	₩300,000	5/17 급여	₩180,000
		12/31 차기이월	₩520,000
	₩800,000		₩800,000
1/1 전기이월	₩520,000		

외상매출금			2
4/18 제좌	₩300,000	12/31 차기이월	₩300,000
1/1 전기이월	₩300,000		

상 품			3
2/6 제좌	₩300,000	4/18 매출원가	₩200,000
		12/31 차기이월	₩100,000
	₩300,000		₩300,000
1/1 전기이월	₩100,000		

외상매입금			4
12/31 차기이월	₩200,000	2/6 상품	₩200,000
		1/1 전기이월	₩200,000

자 본 금			5
12/31 차기이월	₩720,000	1/1 현금	₩500,000
		12/31 손익	₩220,000
	₩720,000		₩720,000
		1/1 전기이월	₩720,000

매 출			6
12/31 손익	₩600,000	4/18 제좌	₩600,000

매출원가			7
4/18 상품	₩200,000	12/31 손익	₩200,000

급 여			8
5/17 현금	₩180,000	12/31 손익	₩180,000

비 고	차 변	금 액	대 변	금 액
수익대체분개	매출	₩600,000	(집합)손익	₩600,000
비용대체분개	(집합)손익	₩380,000	매출원가 급여	₩200,000 ₩180,000
순손익대체분개	(집합)손익	₩220,000	자본금	₩220,000

(집합)손익			(단위 : 원)
매출원가	200,000	매출	600,000
급여	180,000		
자본금	220,000		
	600,000		600,000

이월시산표			(단위 : 원)
현금	520,000	외상매입금	200,000
외상매출금	300,000	자본금	720,000
상품	100,000		
	920,000		920,000

손익계산서			(단위 : 원)
매출원가	200,000	매출	600,000
급여	180,000		
당기순이익	220,000		
	600,000		600,000

재무상태표			(단위 : 원)
현금	520,000	외상매입금	200,000
외상매출금	300,000	자본금	720,000
상품	100,000	(당기순이익 220,000)	
	920,000		920,000

확인문제 ✐

1. 집합손익 계정의 차변 합계가 ₩250,000이고, 대변 합계가 ₩300,000일 경우, 마감분개로 옳은 것은? (단, 전기이월미처리결손금은 없다) 제17회

	차 변		대 변	
①	집합손익	₩50,000	자본잉여금	₩50,000
②	집합손익	₩50,000	이익잉여금	₩50,000
③	자본잉여금	₩50,000	집합손익	₩50,000
④	이익잉여금	₩50,000	집합손익	₩50,000
⑤	마감분개 필요없음			

해설

집합손익계정의 대변합계는 수익계정의 합계를 말하며, 차변합계는 비용합계를 뜻한다. 따라서 당기순이익이 ₩50,000(₩300,000 - ₩250,000)이 발생하는 상황이며 이를 이익잉여금으로 대체하는 마감분개를 묻고 있다.
(차) 집합손익　　　₩50,000　　　(대) 이익잉여금　　₩50,000　　　▶ 정답 ②

2. 수정후시산표의 각 계정잔액이 존재한다고 가정할 경우, 장부마감 후 다음 회계연도 차변으로 이월되는 계정과목은? 제24회

① 이자수익　　　② 자본금　　　③ 매출원가
④ 매입채무　　　⑤ 투자부동산

해설

⑤ 잔액이 차변으로 이월되는 계정과목은 '자산'에 속하는 계정과목이다.　　　▶ 정답 ⑤

3. 다음 회계연도로 잔액이 이월되지 않는 계정과목은? 제21회

① 이익잉여금　　　② 유형자산처분이익　　　③ 미지급비용
④ 감가상각누계액　　　⑤ 자본금

해설

② 유형자산처분이익은 수익계정으로 잔액이 이월되지 않는 명목계정에 속한다.　　　▶ 정답 ②

4. 차기로 이월되는 계정(영구계정)에 해당하지 않는 것은? 제16회

① 단기대여금　　　② 장기차입금　　　③ 산업재산권
④ 자본금　　　⑤ 이자비용

해설

⑤ 이자비용은 포괄손익계산서 계정으로 집합손익계정에 대체되어 차기로 이월되지 않는다.　　　▶ 정답 ⑤

계정과목별 회계처리

❶ 현금 및 현금성자산　　　　　　❷ 당기손익-공정가치 측정 금융자산
❸ 재고자산

제1절　현금 및 현금성자산

1　현금 및 현금성자산

자금의 유동성이 가장 높은 현금, 소액현금, 당좌예금, 보통예금, 현금성자산 등을 포함하여 재무상태표에 기입하는 계정이다.

① 회계상 현금	통화	주화 및 지폐
	통화대용증권	타인(동점)발행수표, 자기앞수표, 송금수표 ~~환증서 주식배당금영수증, 공사채만기이자표 국고지급통지서, 일람출급어음, 만기도래어음 등
② 소액현금		
③ 보통예금		
④ 당좌예금	당좌차월은 당좌예금의 차감항목이 아니라 단기차입금으로 처리한다.	
⑤ 현금성자산	① 큰 거래비용 없이 현금으로 전환이 용이하고, ② 이자율변동에 따른 가치변동의 위험이 중요하지 않은 ③ 취득 당시의 만기가 3개월 이내에 도래하는 단기금융상품 및 유가증권(주식 및 채권) －취득 당시의 만기가 3개월 이내에 도래하는 채권(공·사채) －취득 당시의 상환일까지 기간이 3개월 이내인 상환우선주식 －취득 당시의 환매조건이 3개월 이내의 환매채 －예입(취득) 당시의 만기가 3개월 이내에 도래하는 정기예금 및 기타 단기금융상품	

2 현금과부족

현금의 장부잔액과 실제잔액이 일치하지 않는 경우 불일치의 원인이 파악될 때까지 일시적으로 처리하는 임시계정(＝가계정)이며 원인이 판명되면 해당계정에 대체하고, 결산시까지 원인이 판명되지 않으면 잡이익 또는 잡손실 계정에 대체한다.

현금과부족 계정은 잔액이 차변, 대변 어느 쪽이든 나타날 수 있다.

┃ 예제 ┃

현금과부족 회계처리

1. 부족시 회계처리(장부잔액＞실지잔액)

① 가라상사의 현금출납장 장부잔액은 ₩950,000이었으나 실지잔액은 ₩900,000임을 발견하다.

② 상기 부족액 중 ₩30,000은 나나상사에 지급한 외상매입금의 지급을 누락한 것으로 밝혀지다.

③ 결산시까지 현금과부족계정의 잔액 ₩20,000의 원인을 알 수 없다.

④ 결산시 장부잔액과 실지잔액을 검증하는 과정에서 실지잔액이 ₩85,000 부족한 것을 발견하여 이를 회계처리 하다.

▶ 정답

① (차) 현금과부족	₩50,000	(대)	현　　금	₩50,000
② (차) 외상매입금	₩30,000	(대)	현금과부족	₩30,000
③ (차) 잡 손 실	₩20,000	(대)	현금과부족	₩20,000
④ (차) 잡 손 실	₩85,000	(대)	현　　금	₩85,000

2. 과잉시 회계처리(장부잔액＜실지잔액)

① 비자상회의 현금출납장 장부잔액은 ₩950,000이었으나 실지잔액은 ₩1,050,000임을 발견하다.

② 상기 과잉액 중 ₩70,000은 모모상사에서 대여금에 대한 이자를 받은 것을 누락한 것으로 밝혀지다.

③ 결산시까지 현금과부족계정의 잔액 ₩30,000의 원인을 알 수 없다.

④ 결산시 장부잔액과 실지잔액을 검증하는 과정에서 실지잔액이 ₩55,000 초과한 것을 발견하여 이를 회계처리 하다.

▶ 정답

① (차) 현　　금	₩100,000	(대)	현금과부족	₩100,000
② (차) 현금과부족	₩70,000	(대)	이자수익	₩70,000
③ (차) 현금과부족	₩30,000	(대)	잡 이 익	₩30,000
④ (차) 현　　금	₩55,000	(대)	잡 이 익	₩55,000

확인문제 🖉

1. ㈜한국의 20×1년 말 재무상태표에 표시된 현금 및 현금성자산은 ₩4,000이다. 다음 자료를 이용할 경우 당좌예금은?

제23회

• 통화	₩200	• 보통예금	₩300	• 당좌예금	?
• 수입인지	₩400	• 우편환증서	₩500		

① ₩2,600 ② ₩2,800 ③ ₩3,000
④ ₩3,100 ⑤ ₩3,500

해설
당좌예금: 현금 및 현금성자산 ₩4,000 − (통화 ₩200 + 보통예금 ₩300 + 우편환증서 ₩500) = ₩3,000

▶ 정답 ③

2. ㈜한국의 20×1년 말 재무상태표에 표시된 현금 및 현금성자산은 ₩500이다. 다음 자료를 이용할 경우 보통예금은?

제27회

• 통화	₩50	• 송금수표	₩100	• 선일자수표	₩150
• 보통예금	?	• 당좌개설보증금	₩150	• 우편환증서	₩100
• 양도성예금증서(취득일 20×1년 10월 1일, 만기일 20×2년 1월 10일)				₩150	

① ₩200 ② ₩250 ③ ₩300
④ ₩350 ⑤ ₩400

해설
현금 및 현금성자산 ₩500 = ₩50 + ₩100 + (?) + ₩100 ⇨ ₩250

▶ 정답 ②

3. ㈜한국이 20×1년 말 보유하고 있는 자산이 다음과 같을 때, 20×1년 말 재무상태표에 표시될 현금 및 현금성자산은?

제24회

• 통화	₩1,000	• 보통예금	₩1,500
• 자기앞수표	₩2,000	• 받을어음	₩500
• 우편환증서	₩600	• 당좌개설보증금	₩800
• 정기예금(가입: 20×0년 3월 1일, 만기: 20×2년 2월 28일)			₩900
• 양도성예금증서(취득: 20×1년 12월 1일 만기: 20×2년 1월 31일)			₩1,000

① ₩4,500 ② ₩5,100 ③ ₩5,900
④ ₩6,100 ⑤ ₩7,000

해설
현금 및 현금성자산: ₩1,000 + ₩1,500 + ₩2,000 + ₩600 + ₩1,000 = ₩6,100

▶ 정답 ④

제2절   당기손익-공정가치 측정 금융자산

1   당기손익-공정가치 측정 금융자산(FVPL)

당기손익-공정가치 측정 금융자산은 기업이 여유자금 활용하여 단기간 매매차익을 목적으로 구입하는 주식(지분증권), 공·사채(채무증권) 등을 처리하는 계정이다.

2   당기손익-공정가치 측정 금융자산의 취득원가의 산정

당기손익-공정가치 측정 금융자산은 취득을 위하여 제공한 대가의 공정가치(시장가격)를 취득원가로 한다. 취득과 관련하여 발생하는 거래원가는 당기비용으로 처리한다.

> **예제**

1. 유가증권(지분증권)의 취득

㈜강변의 주식 10,000주(주당 액면금액 @₩500)를 주당 @₩650에 단기투자 목적으로 매입하고, 동시에 수수료 ₩50,000을 현금으로 지급하다.

해설

(차) FVPL 금융자산	₩6,500,000	(대) 현 금	₩6,550,000
수수료비용	₩50,000		

* 거래원가는 당기비용으로 처리한다.

3   보유에 따른 손익-배당수익

현금배당은 지분상품의 발행회사가 배당을 선언하는 경우 배당금수익의 과목으로 하여 당기손익으로 처리하고, 동 금액을 미수배당금으로 인식한다. 미수배당금으로 인식한 금액은 배당금수령일에 배당금으로 수령한 현금액과 상계한다.

[배당선언일]				
(차) 미수배당금	×××	(대) 배당금수익	×××
[배당금 수령일]				
(차) 현 금	×××	(대) 미수배당금	×××

4 평가

당기손익 – 공정가치 측정 금융자산은 공정가치로 평가하고, 공정가치와 장부금액과의 차액은 당기손익 – 공정가치 측정 금융자산평가손익의 과목으로 하여 당기손익으로 처리한다. 당기손익 – 공정가치 측정 금융자산의 장부금액은 당기에 취득한 경우 취득원가를 말하며, 전기이전에 취득한 경우에는 전기말 공정가치를 말한다.

[장부금액>공정가치]
  (차) FVPL금융자산평가손실   ×××   (대) FVPL금융자산   ×××
[장부금액<공정가치]
  (차) FVPL금융자산   ×××   (대) FVPL금융자산평가이익   ×××

참고

📖 원가법, 공정가치법(시가법), 저가법의 이해

취득원가 ₩10,000, 기말 공정가치 ① ₩15,000, ② ₩7,000인 경우

구 분	장부금액	기말 공정가치	
		① ₩15,000인 경우	② ₩7,000인 경우
원가법	₩10,000	₩10,000 (–)	₩10,000 (–)
공정가치법	₩10,000	₩15,000 (₩5,000 평가이익)	₩7,000 (₩3,000 평가손실)
저가법	₩10,000	₩10,000 (–)	₩7,000 (₩3,000 평가손실)

예제

2. 유가증권의 평가 – 공정가액법

㈜SS의 FVPL금융자산에 대한 다음 자료에 의하여 기말평가에 대한 분개를 하시오.

종 목	수 량(주)	주당액면(원)	주당원가(원)	주당시가(원)
A사 보통주	2,000	5,000	12,000	10,000
B사 보통주	10,000	500	600	800
C사 보통주	2,000	5,000	5,500	8,000

▶ 정답
(1) 유가증권의 평가

종 목	취 득 원 가	시 가	평가이익(손실)
A사 보통주	₩24,000,000	₩20,000,000	(₩4,000,000)
B사 보통주	₩6,000,000	₩8,000,000	₩2,000,000
C사 보통주	₩11,000,000	₩16,000,000	₩5,000,000
계	₩41,000,000	₩44,000,000	₩3,000,000

(2) 회계처리

| (차) | FVPL금융자산 | ₩7,000,000 | (대) | 금융자산평가이익 | ₩7,000,000 |
| (차) | 금융자산평가손실 | ₩4,000,000 | (대) | FVPL금융자산 | ₩4,000,000 |

또는

| (차) | FVPL금융자산 | ₩3,000,000 | (대) | 금융자산평가이익 | ₩3,000,000 |

5 처 분

당기손익－공정가치 측정 금융자산을 처분하는 경우 처분금액과 장부금액과의 차액은 금융자산처분손익의 과목으로 하여 당기손익으로 인식한다. 당기손익－공정가치 측정 금융자산을 처분하는 경우에 발생하는 처분부대비용은 처분금액에서 차감하여 처분손익에 가감한다.

FVPL금융자산 처분손익＝처분금액(부대비용 차감후)－장부금액

[지분상품 처분시]

| (차) 현 금 | ××× | (대) FVPL금융자산 | ××× |
| | | 금융자산처분이익 | ××× |

예제

3. 평가 및 처분

① ㈜BB의 20×1년 12월 31일(결산일) 현재 단기매매를 목적으로 보유하고 있는 유가증권의 원가와 기말공정가치에 대한 자료는 다음과 같다. 평가손익에 대한 분개를 하라.

종 목	수 량	취득원가	공정가치	차 이
A주식	1주	₩10,000	₩6,000	(₩4,000)
B주식	1주	₩20,000	₩25,000	₩5,000
C주식	1주	₩30,000	₩27,000	(₩3,000)
		₩60,000	₩58,000	(₩2,000)

② ㈜BB는 20×2년 3월에 B회사 주식을 ₩23,000에 처분하였다. 분개는?

③ ㈜BB는 20×2년 6월에 C회사 주식을 ₩28,000에 처분하였다. 분개는?

④ 20×2년 12월 31일(결산일) 현재 A회사 주식의 공정가치는 ₩8,000이다. 평가손익 분개는?

▶ 정답

① (차) 금융자산평가손실   ₩2,000   (대) FVPL금융자산   ₩2,000
② (차) 현금   ₩23,000   (대) FVPL금융자산   ₩25,000*
　　　　금융자산처분손실   ₩2,000
　　　* 공정가치법에 의해 평가하였기 때문에 B주식의 장부가액은 ₩25,000이다.
③ (차) 현금   ₩28,000   (대) FVPL금융자산   ₩27,000*
　　　　　　　　　　　　　　　　　　　　　　　　　　　금융자산처분이익   ₩1,000

　　　* C주식의 장부가액 ₩27,000(공정가치법)
④ (차) FVPL금융자산   ₩2,000   (대) 금융자산평가이익   ₩2,000*
　　　* 20×1년 말의 A주식 장부가액 ₩6,000이고, 20×2년 말의 A주식 장부가액 ₩8,000이므로 평가이익
　　　　₩2,000 발생

확인문제 ✐

1. ㈜한국은 20×1년 4월 1일 ㈜대한의 보통주 100주를 1주당 ₩10,000에 취득하고 취득수수료
₩20,000을 현금으로 지급하였다. ㈜한국은 취득한 보통주를 당기손익 – 공정가치 측정 금융자
산으로 분류하였으며, 20×1년 8월 1일 1주당 ₩1,000의 중간배당금을 현금으로 수령하였다.
20×1년 말 ㈜대한의 보통주 공정가치는 1주당 ₩10,500이었다. 동 주식과 관련하여 ㈜한국이
20×1년 인식할 금융자산 평가손익은?   제24회

① 손실 ₩70,000   ② 손실 ₩50,000   ③ 손실 ₩30,000
④ 이익 ₩30,000   ⑤ 이익 ₩50,000

해설

FVPL금융자산평가손익 : 100주×(₩10,500 – ₩10,000)=₩50,000 이익
FVPL금융자산 취득시의 수수료와 중간배당금 수령액은 당기손익으로 처리한다.   ▶ 정답 ⑤

2. ㈜한국은 20×1년 5월 1일 주식A 100주를 취득일의 공정가치인 주당 ₩100에 취득하고 당기손
익 – 공정가치측정 금융자산으로 분류하였다. 20×1년 말과 20×2년 말의 주식A의 공정가치는
다음과 같다.

구 분	20×1년 말	20×2년 말
주식A 공정가치	₩120	₩140

㈜한국은 20×2년 5월 1일 주식A 50주를 처분일의 공정가치인 주당 ₩110에 처분하고, 나머지
50주는 계속 보유하고 있다. 20×2년 당기순이익에 미치는 영향은?   제27회

① 영향 없음   ② ₩500 감소   ③ ₩500 증가
④ ₩1,000 감소   ⑤ ₩1,000 증가

해설

FVPL금융자산 처분손익 : 50주×(₩110 – ₩120)=₩500 손실
FVPL금융자산 평가손익 : 50주×(₩140 – ₩120)=₩1,000 이익
20×2년 당기순이익 : (–)₩500+₩1,000=₩500 증가   ▶ 정답 ③

제3절 재고자산

1 재고자산의 의의 및 종류

(1) 재고자산의 의의

기업의 정상적인 영업활동과정에서 판매를 목적으로 보유하고 있는 자산(상품, 미착상품, 적송품 등), 판매를 위해서 제조한 자산(제품, 반제품), 판매할 자산을 생산하는데 사용하거나 소비될 자산(원재료, 저장품)을 포함하여 재고자산이라 한다.

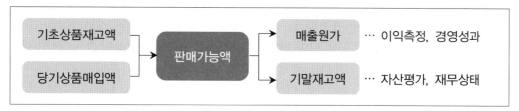

(2) 재고자산의 종류

종 류	내 용
상 품	판매를 목적으로 매입한 상품을 말하며, 부동산 매매업의 판매목적으로 소유하는 토지와 건물, 증권회사의 판매목적 주식과 채권 등은 상품에 포함한다.
제 품	판매를 목적으로 기업내부에서 제조한 생산품
반제품	자가 제조한 중간제품과 부분품
재공품	제품 제조를 위하여 제조과정에 있는 것
원재료	제품 제조를 위하여 매입한 재료
저장품	소모품, 수선용 부분품, 기타저장품

2 매입품의 원가결정

재고자산의 취득원가에 포함될 지출은 상품의 매입가격뿐만 아니라 상품이 판매가능한 상태가 될 때까지의 모든 부대비용(운임 등)을 포함한다.

> 재고자산의 취득원가＝매입가액 또는 제조원가＋부대비용

3 매입관련 조정사항

(1) 매입운임(인수운임)

매입시 부담하는 운임으로서 매입원가에 포함한다.

(2) 매입환출

매입한 상품 중 하자 또는 기타 이유로 인하여 수량을 반품하는 경우를 말하며 매입액에서 직접차감한다.

(3) 매입에누리

매입한 상품 중 하자 기타 이유로 인하여 할인하는 경우를 말하며 에누리시에는 수량은 불변이며 단가는 하향조정 되며 매입액에서 직접 차감한 금액을 손익계산서에 기입한다.

(4) 매입할인(현금할인)

외상매입금을 약정에 의하여 조기결제 하는 것을 말하며 매입액에서 직접차감한다.

┌─ 예제 ─┐

5월 1일 서울상점에서 상품 ₩100,000을 외상으로 매입(2/10, n/30) * **하였다가, 5월 9일에 외상대금을 현금으로 지급하였다. 5월 1일과 5월 9일의 회계처리는?**

▶ 정답

5/1 :	(차)	상 품	₩100,000	(대)	외상매입금	₩100,000
5/9 :	(차)	외상매입금	₩100,000	(대)	매입할인	₩2,000
					현 금	₩98,000

* [2/10, n/30]이란 구입시점 이후 10일 이내 대금 결제시에는 2%를 할인하고, 할인기간(10일)이 경과하면 할인혜택이 없으며 30일은 지급기한을 의미한다. 참고로 [2/10, E.O.M]이란 당월 매입대금을 당월말 시점(end-of-month)으로부터 10일 내 현금지급하면 2%를 할인한다는 의미이다.

4 매출관련 조정사항

(1) 매출운임(발송운임)

매출시 부담하는 운임으로서 운반비 계정(판매비와 관리비)으로 처리한다.

(2) 매출환입 ⇨ 매가(원가＋이익)

매출한 상품 중 하자 또는 기타 이유로 인하여 수량이 반품되는 경우를 말하며 매출액에서 직접 차감한다.

(3) 매출에누리 ⇨ 매가(이익)

매출한 상품 중 하자 또는 기타 이유로 인하여 할인하는 경우를 말하며 매출액에서 직접 차감한다.

(4) 매출할인(현금할인) ⇨ 매가(이익)

외상매출금을 약정에 의하여 조기결제 하는 것을 말하며 매출액에서 직접 차감한다.

예제

5월 1일 대전상점에 상품 ₩100,000을 외상으로 매출(2/10, n/30)하였다가, 5월 9일에 외상대금을 현금으로 회수하였다. 5월 1일과 5월 9일의 회계처리는?

▶ 정답

5/1 : (차)	외상매출금	₩100,000	(대)	상품매출	₩100,000
5/9 : (차)	매출할인	₩2,000	(대)	외상매출금	₩100,000
	현　금	₩98,000			

이외에 매입·매출시 거래할인(수량할인, 매매할인)이 있을 수 있으나 별도의 회계처리는 없다.

♠ 상품매출손익계산 등식

① 총매입액－환출 및 매입에누리와 매입할인＝순매입액
② 기초재고액＋순매입액－기말재고액＝매출원가
③ 총매출액－환입 및 매출에누리와 매출할인＝순매출액
④ 순매출액－매출원가＝매출총이익(상품매출이익)

확인문제

1. ㈜한국은 20×1년 12월 1일 ₩1,000,000의 상품을 신용조건(5/10, n/60)으로 매입하였다. ㈜한국이 20×1년 12월 9일에 매입대금을 전액 현금 결제한 경우의 회계처리는? (단, 상품매입 시 총액법을 적용하며, 실지재고조사법으로 기록한다) 제21회

	차 변		대 변	
①	매입채무	₩900,000	현금	₩900,000
②	매입채무	₩950,000	현금	₩950,000
③	매입채무	₩1,000,000	현금	₩1,000,000
④	매입채무	₩1,000,000	현금	₩900,000
			매입(할인)	₩100,000
⑤	매입채무	₩1,000,000	현금	₩950,000
			매입(할인)	₩50,000

신용거래의 경우 구매자가 조기 지급하는 경우 할인받게 되는 것을 매입할인이라고 한다. 이 경우 지급액은 할인액을 차감한 금액을 지급하게 된다.　　　　　　　　　　　　　　　▶ 정답 ⑤

5　상품매매의 기록방법

(1) 순수계정(분기법)

상품을 매출하는 경우 매출상품의 원가와 매출이익을 구분(분리)하여 기장하는 방법이다.

① 외상매입	(차) 상 품	×××	(대) 외상매입금	×××
② 외상매출	(차) 외상매출금	×××	(대) 상 품	×××(원가)
			상품매출이익	×××(이익)

☞ 분기법에 의한 상품계정 기입

상　　　품		상품매출이익	
기초재고액	매출원가		매출이익
매 입 액	기말재고액		
판매가능상품	판매가능상품		

🔺 상품매출이익이 상품매출이익계정에 기입되어 별도의 계산절차가 필요 없다.

(2) 혼합계정(총기법)

상품을 매출하는 경우 상품계정에 매출상품의 원가와 매출이익을 혼합하여 매가(원가 +이익)로 기장하는 방법이다.

① 외상매입	(차) 상 품	×××	(대) 외상매입금	×××
② 외상매출	(차) 외상매출금	×××	(대) 상 품	×××(매가)

☞ 총기법에 의한 상품계정 기입

상　　　품	
기초재고액	매입환출 및 매입에누리 매입할인
당기매입액 매입제비용	당기매출액(매가)
매출환입 및 매출에누리 매출할인	기말재고액
매출총이익	

예제

1. 상품매출손익 계산

다음 자료에 의하여 상품매출손익을 계산하시오.

전 기 이 월 액	₩1,000,000	총 매 입 액	₩4,000,000
총 매 출 액	₩5,500,000	매 입 에 누 리	₩100,000
매 출 에 누 리	₩250,000	매 입 운 임	₩450,000
매 출 운 임	₩550,000	매 입 환 출 액	₩300,000
매 출 환 입 액	₩100,000	매 입 할 인 액	₩200,000
매 출 할 인 액	₩350,000	기 말 재 고 액	₩800,000

▶ 정답
(1) 공식법
  ① 순매입액: ₩4,000,000＋₩450,000－₩100,000－₩300,000－₩200,000＝₩3,850,000
  ② 순매출액: ₩5,500,000－₩250,000－₩100,000－₩350,000＝₩4,800,000
  ③ 매출원가: ₩1,000,000＋₩3,850,000－₩800,000＝₩4,050,000
  ④ 매출총이익: ₩4,800,000－₩4,050,000＝₩750,000

(2) 계정분석법

혼합상품(총기법)

전기이월액	₩1,000,000	총매출액	₩5,500,000
총매입액	₩4,000,000	매입에누리액	₩100,000
매출에누리액	₩250,000	매입환출액	₩300,000
매입운임	₩450,000	매입할인액	₩200,000
매출환입액	₩100,000	기말재고액	₩800,000
매출할인액	₩350,000		
상품매출이익	₩750,000		
	₩6,900,000		₩6,900,000

* 매출운임은 운반비계정으로 처리되며 상품매출손익계산과 무관하다.

확인문제

1. ㈜한국의 20×1년 초 상품재고는 ₩100,000이고 당기 상품매입액은 ₩400,000이다. ㈜한국의 당기 상품매출은 ₩500,000이고 20×1년 말 상품재고가 ₩200,000일 때, 20×1년 상품매출원가는? (단, 재고자산감모손실과 재고자산평가손실 및 재고자산평가충당금은 없다) 제25회

① ₩100,000   ② ₩200,000   ③ ₩300,000
④ ₩400,000   ⑤ ₩500,000

해설
매출원가: ₩100,000＋₩400,000－₩200,000＝₩300,000   ▶ 정답 ③

2. 다음 자료를 이용하여 계산한 총 매출액은? 제23회

기초재고	₩50,000	매출할인	₩6,000
기말재고	₩30,000	매출운임	₩4,000
매입에누리	₩5,000	매출환입	₩7,000
매입할인	₩2,000	매출총이익	₩80,000
총매입액	₩400,000		

① ₩493,000   ② ₩500,000   ③ ₩506,000

④ ₩510,000   ⑤ ₩513,000

해설

재고자산

기초재고	₩50,000	총매출액	(?)
총매입액	₩400,000	매입에누리	₩5,000
매출할인	₩6,000	매입할인	₩2,000
매출환입	₩7,000	기말재고	₩30,000
매출총이익	₩80,000		
	₩543,000		₩543,000

▶ 정답 ③

3. 다음 자료를 이용하여 계산한 매출총이익은? 제22회

• 총매출액	₩100,000	• 총매입액	₩80,000
• 매출환입	₩2,000	• 매입운임	₩1,500
• 매출에누리	₩1,000	• 매입환출	₩2,000
• 매출할인	₩1,500	• 매출운임	₩8,000
• 기초재고	₩10,000	• 기말재고	₩30,000

① ₩20,000   ② ₩28,000   ③ ₩34,000

④ ₩36,000   ⑤ ₩40,500

해설

매출운임은 운반비계정으로 비용처리하므로 매출총이익 계산에 포함되지 않는다.

(혼합)상품

기초재고	₩10,000	총매출액	₩100,000
총매입액	₩80,000	매입환출	₩2,000
매입운임	₩1,500	기말재고	₩30,000
매출환입	₩2,000		
매출에누리	₩1,000		
매출할인	₩1,500		
매출총이익	₩36,000		
	₩132,000		₩132,000

▶ 정답 ④

6 재고자산의 원가배분

(1) 기말재고자산의 계산

상품의 매출원가를 산출하기 위해서는 기말재고액을 정확히 계산하여야 한다. 기말재고액은 기말 재고수량에 단가를 곱하여 계산한다.

재고자산 수량 결정 방법	계속기록법 실지재고조사법	
재고자산 단가 결정 방법	개별법, 선입선출법, 후입선출법, 이동평균법, 총평균법, 매출가격환원법	기업회계기준으로 규정
	단순평균법, 매출총이익률법, 기준재고조사법	

(2) 재고자산의 매출단가 결정 방법(재고자산 평가방법, 물량흐름의 가정)

① **선입선출법**(first−in first−out method, FIFO)

매입순법이라고도 하며 먼저 매입된 상품이 먼저 매출되는 것으로 가정하여 출고 및 재고 단가를 결정하는 방법이다. 기업은 일반적으로 먼저 구입한 재고자산을 먼저 처분하려는 경향이 있으므로 선입선출가정은 실제물량 흐름과 가장 유사하다.

② **후입선출법**(last−in first−out method, LIFO)

매입역법이라고도 하고 나중에 매입된 상품이 먼저 매출되는 것으로 가정하여 출고 및 재고 단가를 결정하는 방법이다.

후입선출법은 보고기간 말 현재의 재고자산가액이 시가를 반영하지 못하며, 일반적인 실물흐름과도 일치하지 않기 때문에 표현의 충실성이 저하된다. 따라서 국제회계기준은 후입선출법의 적용을 금지하고 있다.

③ **이동평균법**(moving average method)

상품의 매입 단가가 다를 때마다 즉, 매입할 때마다 가중 평균 단가를 계산하여 출고 및 재고단가를 결정하는 방법이다.

$$이동평균단가 = \frac{매입직전의\ 재고금액 + 매입금액}{매입직전의\ 재고수량 + 매입수량}$$

④ **총평균법**(weighted average method)

일정 기간 전체(보고기간 말)를 대상으로 상품의 총평균단가를 계산하여 출고 및 재고 단가를 결정하는 방법이다. 따라서 기중에는 매출원가와 (기말)재고액을 파악할 수 없다.

$$\text{총평균단가} = \frac{\text{기초 재고금액} + \text{일정기간 매입금액}}{\text{기초 재고수량} + \text{일정기간 매입수량}}$$

예 제

1. 재고자산수불부

다음 상품매매와 관련된 자료를 각 재고자산평가방법에 의한 기말재고액을 파악하라.

5/ 1	전 기 이 월	100개	@₩1,000
5/ 5	매 입	200개	@₩1,300
5/10	매 출	200개	@₩2,000
5/15	매 입	300개	@₩1,500

▶ 정답

(1) 선입선출법

월일	적요	입 고			출 고			재 고		
		수량	단가	금액	수량	단가	금액	수량	단가	금액
5/1	이월	100	₩1,000	₩100,000				100	₩1,000	₩100,000
5/5	매입	200	₩1,300	₩260,000				100	₩1,000	₩100,000
								200	₩1,300	₩260,000
5/10	매출				100	₩1,000	₩100,000			
					100	₩1,300	₩130,000	100	₩1,300	₩130,000
5/15	매입	300	₩1,500	₩450,000				100	₩1,300	₩130,000
								300	₩1,500	₩450,000
		기초재고+순매입 ₩810,000			매출원가 ₩230,000			기말재고액 ₩580,000		

(2) 후입선출법

월일	적요	입 고			출 고			재 고		
		수량	단가	금액	수량	단가	금액	수량	단가	금액
5/1	이월	100	₩1,000	₩100,000				100	₩1,000	₩100,000
5/5	매입	200	₩1,300	₩260,000				100	₩1,000	₩100,000
								200	₩1,300	₩260,000
5/10	매출				200	₩1,300	₩260,000	100	₩1,000	₩100,000
5/15	매입	300	₩1,500	₩450,000				100	₩1,000	₩100,000
								300	₩1,500	₩450,000
		기초재고+순매입 ₩810,000			매출원가 ₩260,000			기말재고액 ₩550,000		

(3) 이동평균법

월일	적요	입 고			출 고			재 고		
		수량	단가	금액	수량	단가	금액	수량	단가	금액
5/1	이월	100	₩1,000	₩100,000				100	₩1,000	₩100,000
5/5	매입	200	₩1,300	₩260,000				300	₩1,200	₩360,000
5/10	매출				200	₩1,200	₩240,000	100	₩1,200	₩120,000
5/15	매입	300	₩1,500	₩450,000				400	₩1,425	₩570,000
		기초재고+순매입 ₩810,000			매출원가 ₩240,000			기말재고액 ₩550,000		

(4) 총평균법

입 고	출 고	재 고
100개 @₩1,000 ₩100,000 200개 @₩1,300 ₩260,000 300개 @₩1,500 ₩450,000	200개 @₩1,350 ₩270,000	400개 @₩1,350 ₩540,000
600개 @₩1,350 ₩810,000	매출원가 ₩270,000	기말재고액 ₩540,000

확인문제 ✎

1. ㈜한국의 20×1년 재고자산 매입과 매출에 관한 자료는 다음과 같다.

일 자	적 요	수 량(개)	단위당 원가
1월 1일	기초재고	20	₩100
3월 1일	매 입	50	₩110
6월 1일	매 출	40	
9월 1일	매 입	80	₩120
12월 1일	매 출	30	

㈜한국이 선입선출법을 사용할 때, 20×1년 기말재고자산은? (단, 장부상 재고수량과 실지재고 수량은 일치하며, 재고자산평가손실은 없다) 제25회

① ₩8,700　　　　② ₩9,120　　　　③ ₩9,320
④ ₩9,600　　　　⑤ ₩9,700

해설

기말재고수량 : 20개＋50개－40개＋80개－30개＝80개
기말재고자산 : 80개×₩120＝₩9,600　　　　　　　▶ 정답 ④

2. 다음은 계속기록법을 적용하고 있는 ㈜한국의 20×1년 재고자산에 대한 거래 내역이다. 선입선출법을 적용한 경우의 매출원가는? 제23회

일 자	적 요	수 량(개)	단위당 원가
1월 1일	기초재고	100	₩11
5월 1일	판 매	30	
7월 1일	매 입	50	₩20
8월 1일	판 매	90	
11월 1일	매 입	150	₩30
12월 1일	판 매	140	

① ₩1,200　　　　② ₩2,860　　　　③ ₩5,400
④ ₩5,800　　　　⑤ ₩6,160

해설

매출원가 : 100개×₩11＋50개×₩20＋110개×₩30＝₩5,400　　　　　　　▶ 정답 ③

3. ㈜한국의 다음 재고자산 관련 거래내역을 이동평균법을 적용할 경우 기말재고액은? (단, 재고
   자산감모손실과 재고자산평가손실은 없으며, 재고자산 단가는 소수점 둘째자리에서 반올림한다)

제27회

일 자	적 요	수량(단위)	단위당 원가	단위당 판매가격
1월 1일	기초재고	500	₩75	
6월 1일	매 출	250		₩100
8월 1일	매 입	250	₩90	
12월 1일	매 출	300		₩100

① ₩15,000   ② ₩16,000   ③ ₩16,500
④ ₩18,000   ⑤ ₩18,500

해설

8월 1일 이동평균단가 : (250×₩75+250×₩90)÷500단위=@₩82.5
기말재고액 : 200단위 × @₩82.5=₩16,500   ▶ 정답 ③

4. 다음은 ㈜한국의 20×1년도 재고자산의 매입과 매출 관련 거래내역이다. 총평균법을 적용할 경
   우 매출원가는? (단, 재고자산감모손실과 평가손실은 없다)

제26회

일 자	적 요	수량(단위)	단위당 원가
1월 1일	기초재고	60	₩10
3월 1일	매 입	40	₩15
6월 1일	매 출	80	
9월 1일	매 입	60	₩20
12월 1일	매 출	50	

① ₩1,800   ② ₩1,860   ③ ₩1,900
④ ₩1,950   ⑤ ₩2,100

해설

총평균단가 : $\dfrac{60×₩10+40×₩15+60×₩20}{60+40+60}=₩15$

매출원가 : 130×₩15=₩1,950   ▶ 정답 ④

Memo

🔍 공동주택시설개론 과목 소개

주택관리사는 공동주택, 즉 아파트의 공용부분과 입주자 공동소유인 부대복리시설의 유지
보수와 안전을 관리하는 업무를 하게 된다. 따라서 건물에 대한 구조 및 설비를 기본적으
로 숙지하고 설계도면을 필수적으로 판독할 수 있어야만 관리가 가능하기 때문에 공동주
택시설개론은 주택관리사가 되기 위해 공부해야 할 필수과목이라고 할 수 있다.

🔍 공동주택시설개론 출제 분석

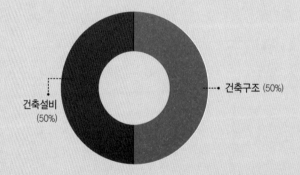

건축설비 (50%)

건축구조 (50%)

02 과목

공동주택
시설개론

01 건축설비

1 기본 물리 관련 용어와 법칙

1. 밀도 등

(1) 밀 도

① 일정한 부피에 해당하는 물질의 질량

② 물질의 질량을 부피로 나누어서 계산

③ 단위부피에 대한 질량

$$\text{밀도} = \frac{\text{질량}}{\text{부피}} \, (kg/m^3, \ kg/\ell, \ g/cm^3), \ \rho = \frac{m}{V}$$

(2) 비체적

① 단위질량당 부피(m^3/kg), 밀도의 역수이다.

② 온도가 상승하면 부피는 증가한다. ⇨ 온도가 상승하면 비체적은 증가한다.

2. 압 력

① 물체에 단위면적당 수직으로 작용하는 힘
② 강도의 단위에도 적용

> ㉠ • SI단위 : 압력(p) $= \dfrac{F(수직력)}{A(면적)}$ $(N/m^2,\ Pa)$
>
> • 공학 단위 : 압력(p) $= \dfrac{W(하중)}{A(면적)}$ (kgf/m^2)
>
> ㉡ • 수두 : $1mAq = 9.8kPa \fallingdotseq 10kPa$
>
> • 수압 : $0.1MPa(0.1N/mm^2) = 1kg/cm^2 = 10mAq(수두)$

☞ 위생기구의 최저 필요 급수 압력

위생기구	최저 필요 수압(kPa)
세면기	55
샤워기	70
샤워기, 균형압력, 온도조절 혼합수도꼭지	130
대변기, 블로우 아웃, 세정밸브	170
대변기, 사이펀, 세정 밸브	100
대변기, 세정탱크, 밀결형	55
대변기, 탱크, 원피스	130

3. 표준대기압

그 지방의 고도와 날씨 등에 따라 변하는 국소대기압과 해면에서 국소대기압의 평균 값을 표준대기압(Standard Atmospheric Pressure)이라 한다.

> • $1atm = 760mmHg$
> $= 1,013.25mbar = 1,013HPa$
> $= 101,325Pa = 101,325N/m^2 = 101.325kN/m^2 = 101.325kPa$
> $= 1.03323kg/cm^2 = 10.3323mAq = 10.3323mH_2O$
> $= 14.7psi = 14.7lb/in^2$
> • $1bar = 1000mmbar = 10^5Pa$

4. 보일 · 샤를의 법칙

일정량의 기체 체적과 압력의 곱은 기체의 절대온도에 비례한다.

> $PV \propto T$
> P : 압력, V : 부피, T : 절대온도

5. 열역학 제1법칙

에너지보존법칙이라고도 하며, 기체에 가해준 열에너지는 내부 에너지의 증가와 외부에 한 일의 합과 같다.

6. 열역학 제2법칙

열은 고온 물체에서 저온 물체로 자연적으로 이동하지만, 저온 물체에서 고온 물체로, 즉, 역방향으로 이동할 수 없다.

7. 파스칼의 원리

액체의 압력은 임의의 면에 대하여 수직으로 작용하며, 액체 내 임의의 점에서 압력세기는 어느 방향이나 동일하게 작용한다.

8. 연속의 법칙

유량은 배관의 단면적과 유속의 곱으로 이루어지며, 배관의 어느 곳에서도 유량은 일정하다. 배관의 단면적을 증가시키면 유속이 감소하며, 반대로 단면적을 감소시키면 유속은 증가한다.

> Q(유량)이 일정할 때
> $A_1 v_1 = A_2 v_2$
> A : 관의 단면적(m^2), v : 유속(m/s)

① **유량(Q)**: 단위시간(일정한 시간)에 대한 유체의 부피(m^3/h, m^3/min, m^3/s, L/min)
② **유속(v)**: 유체의 속도(m/s)
③ **유체**: 흐르는 물체. 즉, 액체 또는 기체

9. 베르누이 원리

① 압력수두, 위치수두, 속도수두의 합은 일정하다.

② 유속이 **빠른** 곳이 정압이 작다.

예제

건축설비의 기초사항에 관한 내용으로 옳은 것을 모두 고른 것은? 제26회

> ㉠ 순수한 물은 1기압 하에서 4℃일 때 밀도가 가장 작다.
> ㉡ 정지해 있는 물에서 임의의 점의 압력은 모든 방향으로 같고 수면으로부터 깊이에 비례한다.
> ㉢ 배관에 흐르는 물의 마찰손실수두는 관의 길이와 마찰계수에 비례하고 유속의 제곱에 비례한다.
> ㉣ 관경이 달라지는 수평관 속에서 물이 정상 흐름을 할 때, 관경이 클수록 유속이 느려진다.

① ㉠, ㉡   ② ㉢, ㉣   ③ ㉠, ㉡, ㉢
④ ㉡, ㉢, ㉣   ⑤ ㉠, ㉡, ㉢, ㉣

해설
㉠ 순수한 물은 1기압 하에서 4℃일 때 밀도가 가장 크다.   ▶ 정답 ④

10. 사이펀 작용

대기압을 이용하여 굽은 관으로 높은 곳에 있는 액체를 낮은 곳으로 옮기는 장치를 사이펀(Siphon)이라고 하며 그 작용을 사이펀 작용이라고 한다.

위생설비에서의 사이펀 작용과 관련된 것으로 트랩봉수가 사이펀 원리로 흐르는 것을 말한다. 기구 자신의 배수에 의해 생기는 자기사이펀작용과 다른 기구의 배수에 의한 부압으로 생기는 유도사이펀 작용이 있다.

2 물매와 펌프의 양정 등

1. 급수배관의 기울기(물매, 구배)

급수관은 수리·기타 필요에 따라 관 속의 물을 완전히 배제할 수 있고, 또 공기가 정체하지 않도록 기울기를 주어 배관해야 한다.

각 설비의 기울기
1. 급수 : 1/250
2. 급 탕
   ① 강제순환식 : 1/200
   ② 중력순환식 : 1/150
3. 배수 : 1/50 ~ 1/100
4. 저수조·산화조 밑면 : 1/100
5. 옥상방수
   ① 보호누름(○) : 1/50 ~ 1/100
   ② 보호누름(×) : 1/20 ~ 1/50

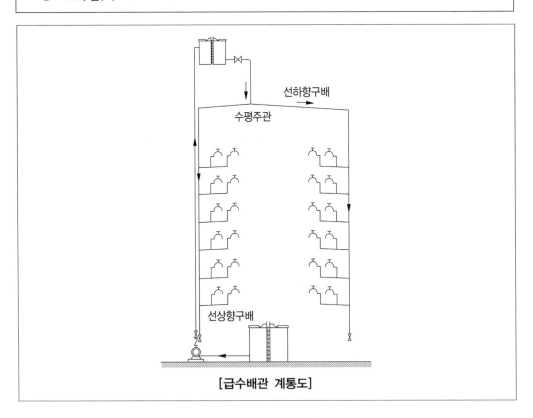

[급수배관 계통도]

2. 펌프의 양정 : 물을 뿜어 올리는 높이(m)

(1) **펌프의 실양정 = 흡입양정 + 토출양정**

(2) **펌프의 전양정 = 실양정+마찰손실수두**

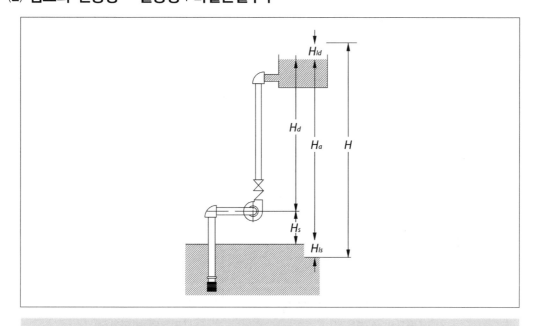

① 펌프 축동력(kW) = $\dfrac{WQH}{6,120E}$(kW)

② 펌프 축마력(Hp) = $\dfrac{WQH}{4,500E}$(Hp)

W : 물의 단위용적중력(1,000kg/m³)

H : 펌프의 전양정(m), Q : 양수량(m³/min), E : 펌프의 효율

예제

고가수조방식에서 양수펌프의 전양정이 50m이고, 시간당 30m³를 양수할 경우의 펌프 축동력은 약 몇 kW인가? (단, 펌프의 효율은 60%로 한다)   제22회

① 5.2   ② 6.8   ③ 8.6

④ 10.5   ⑤ 12.3

해설

② • 펌프의 축동력 = $\dfrac{WQH}{6,120E}$(kW) = $\dfrac{1,000 \times (30 \div 60) \times 50}{6,120 \times 0.6}$ = 6.8

    • 30(m³/h) = 30 ÷ 60(m³/min)

▶ 정답 ②

---

3. 펌프의 운전

(1) 펌프의 직렬운전

배관의 마찰저항이 없다면 유량은 변하지 않고 양정이 2배로 높아지겠지만 실제의 운전에서는 배관의 마찰손실의 정도에 따라 크게 변화한다.

(2) 펌프의 병렬운전

배관의 마찰저항이 없다면 유량이 2배로 증가할 것이다.

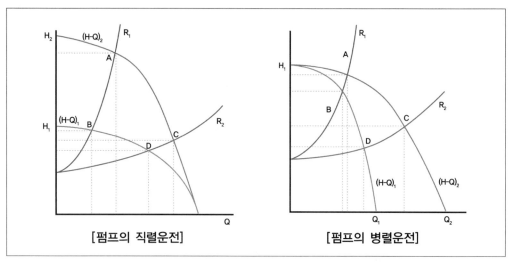

[펌프의 직렬운전]　　　　[펌프의 병렬운전]

4. 캐비테이션(공동현상)

배관 내부에서 유체가 흐르고 있을 때에 배관 어느 지점에서의 압력이 그 때의 액체의 포화증기압보다 낮아지게 되면, 액체는 국부적으로 증발을 일으켜 기포가 발생하게 된다. 이러한 현상이 생기면 펌프의 운전 성능은 현저히 저하되거나 양수가 불능상태로 되고 격심한 소음과 진동이 발생하게 되는데 이렇게 펌프의 운전이 불안정해지는 현상을 캐비테이션이라 한다.

> 펌프의 공동현상(Cavitation)을 방지하기 위한 대책
> 1. 동일한 양수량일 경우 회전수를 낮춰서 운전한다.
> 2. 수온을 낮게 유지한다.
> 3. 펌프의 설치위치를 가능한 낮춘다.
> 4. 펌프의 흡입양정을 작게한다.
> 5. 배관 내 공기가 체류하지 않도록 한다.
> 6. 흡입배관의 지름을 크게하고 부속류를 적게하여 손실수두를 줄인다.

3 배수시스템

1. 배수 관련 용어

하수도법 용어 정의

1. "하수"라 함은 사람의 생활이나 경제활동으로 인하여 액체성 또는 고체성의 물질이 섞이어 오염된 물(이하 "오수"라 한다)과 건물·도로 그 밖의 시설물의 부지로부터 하수도로 유입되는 빗물·지하수를 말한다. 다만, 농작물의 경작으로 인한 것은 제외한다.
2. "분뇨"라 함은 수거식 화장실에서 수거되는 액체성 또는 고체성의 오염물질(개인하수처리시설의 청소과정에서 발생하는 찌꺼기를 포함한다)을 말한다.
3. "하수도"란 하수와 분뇨를 유출 또는 처리하기 위하여 설치되는 하수관로·공공하수처리시설·간이공공하수처리시설·하수저류시설·분뇨처리시설·배수설비·개인하수처리시설 그 밖의 공작물·시설의 총체를 말한다.
4. "공공하수도"라 함은 지방자치단체가 설치 또는 관리하는 하수도를 말한다. 다만, 개인하수도는 제외한다.
5. "개인하수도"라 함은 건물·시설 등의 설치자 또는 소유자가 해당 건물·시설 등에서 발생하는 하수를 유출 또는 처리하기 위하여 설치하는 배수설비·개인하수처리시설과 그 부대시설을 말한다.
6. "하수관로"란 하수를 공공하수처리시설·간이공공하수처리시설·하수저류시설로 이송하거나 하천·바다 그 밖의 공유수면으로 유출시키기 위하여 지방자치단체가 설치 또는 관리하는 관로와 그 부속시설을 말한다.
7. "합류식하수관로"란 오수와 하수도로 유입되는 빗물·지하수가 함께 흐르도록 하기 위한 하수관로를 말한다.
8. "분류식하수관로"란 오수와 하수도로 유입되는 빗물·지하수가 각각 구분되어 흐르도록 하기 위한 하수관로를 말한다.
9. "배수설비"라 함은 건물·시설 등에서 발생하는 하수를 공공하수도에 유입시키기 위하여 설치하는 배수관과 그 밖의 배수시설을 말한다.
10. "개인하수처리시설"이라 함은 건물·시설 등에서 발생하는 오수를 침전·분해 등의 방법으로 처리하는 시설을 말한다.

다음은 하수도법령상의 내용이다. (   )에 들어갈 용어로 옳은 것은?   제24회

> • (㉠)란 건물·시설 등의 설치자 또는 소유자가 해당 건물·시설 등에서 발생하는 하수를 유출 또는 처리하기 위하여 설치하는 배수설비·개인하수처리시설과 그 부대시설을 말한다.
> • (㉡)란 오수와 하수도로 유입되는 빗물·지하수가 함께 흐르도록 하기 위한 하수관로를 말한다.
> • (㉢)란 오수와 하수도로 유입되는 빗물·지하수가 각각 구분되어 흐르도록 하기 위한 하수관로를 말한다.

① ㉠: 하수관로　　　㉡: 공공하수도　　　㉢: 개인하수도
② ㉠: 개인하수도　　㉡: 공공하수도　　　㉢: 합류식하수관로
③ ㉠: 공공하수도　　㉡: 개인하수도　　　㉢: 합류식하수관로
④ ㉠: 공공하수도　　㉡: 분류식하수관로　㉢: 개인하수도
⑤ ㉠: 개인하수도　　㉡: 합류식하수관로　㉢: 분류식하수관로

해설
⑤ ㉠: 개인하수도, ㉡: 합류식하수관로, ㉢: 분류식하수관로

▶ 정답 ⑤

2. 트 랩

하수본관 및 가옥 배수관 속의 유독가스 및 악취, 벌레 등이 실내로 침투하는 것을 방지하기 위하여 배수 계통의 일부에 봉수(封水)를 고이게 하는 기구를 트랩이라 한다.

(1) 사이펀식 트랩

관트랩의 일종으로 자기 세정작용이 있지만 봉수가 파괴되기 쉬운 결점이 있다.
① S트랩 – 대변기　　　② P트랩 – 세면기　　　③ U트랩

(2) 비사이펀식 트랩

자기 세정작용이 없는 트랩이다.
① 드럼트랩(Drum Trap) – 주방 싱크대　　　② 벨트랩(Bell Trap) – 바닥용

(3) 저집기(沮集器, Interceptor)

저집기는 배수 중에 혼입한 여러 가지 유해물질이나 기타 불순물 등을 분리 수집함과 동시에 트랩의 기능을 발휘하는 기구이다.
예 그리스 저집기, 샌드 저집기, 헤어 저집기, 플라스터 저집기, 가솔린 저집기

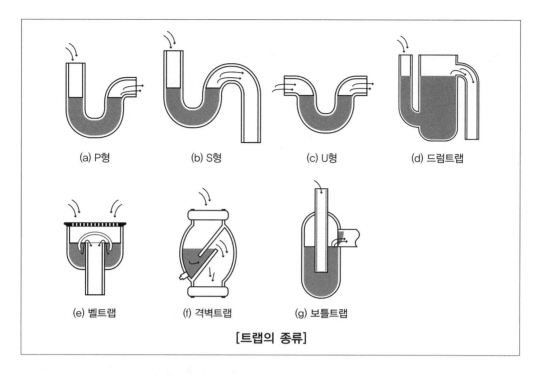

[트랩의 종류]

(4) **봉수 깊이**(50~100mm 정도)

봉수의 깊이는 웨어(위어, Weir)에서 디프까지의 수직거리로 유효봉수 깊이가 너무 낮으면 봉수를 손실하기 쉽고, 또 이것을 너무 깊게 하면 유수의 저항이 증가되어 통수능력이 감소되며 그에 따라 자정작용이 없어지게 된다.

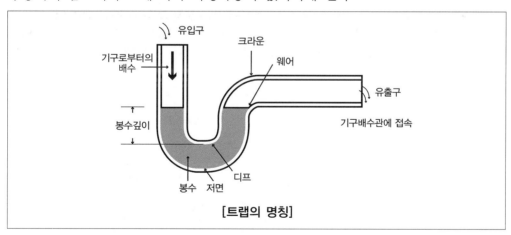

[트랩의 명칭]

예제

다음 중 배수트랩에 해당하는 것을 모두 고른 것은?　제23회

| ㉠ 벨트랩 | ㉡ 버킷트랩 | ㉢ 그리스트랩 |
| ㉣ P트랩 | ㉤ 플로트트랩 | ㉥ 드럼트랩 |

① ㉠, ㉡ 　② ㉠, ㉢, ㉥ 　③ ㉢, ㉣, ㉥

④ ㉠, ㉢, ㉣, ㉥ 　⑤ ㉡, ㉢, ㉣, ㉤

해설

(1) 배수트랩 : ㉠ 벨트랩, ㉢ 그리스트랩, ㉣ P트랩, ㉥ 드럼트랩
(2) 증기트랩 : ㉡ 버킷트랩, ㉤ 플로트트랩　　　　　　　　　　　　　▶ 정답 ④

3. 통기시스템

(1) 통기관의 설치목적

① 사이펀작용이나 배압으로부터 트랩의 봉수를 보호한다.

② 배수관 내의 기압을 일정하게 유지한다.

③ 배수관 내를 대기압으로 유지시켜 자연유하에 의한 배수의 흐름을 원활히 한다.

④ 배수관 내의 악취를 실외로 배출하여 신선한 공기를 유통시켜 관내 청결을 유지한다.

참고

📖 **종국유속**(終局流速 : 終速度 : Terminal Velocity)

배수수직관 내를 하강하는 배수는 처음에는 중력에 의해 점차 그 유속이 증가하여 어느 정도까지는 유속이 증가하지만 관벽 및 관내의 공기와의 마찰로 인한 저항을 받고, 결국에는 관 내벽 및 공기와의 마찰저항과 평형되는 유속, 거의 일정한 유속으로 된다. 이 유속을 종국유속이라고 한다.

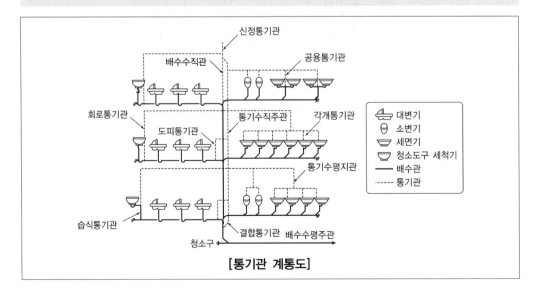

[통기관 계통도]

4. 통기관의 종류

(1) **각개통기관**(各個通氣管, Individual Vent Pipe)

각 위생기구마다 통기관을 세우는 것으로 가장 이상적인 통기방식이나 시설비가 많이 든다.

(2) **루프통기관**(회로통기관, 환상통기관, Loop Vent Pipe)

① 2개 이상 8개 이내의 트랩을 보호하기 위하여 설치한다.

② 배수수평지관의 최상류(最上流)기구의 하류측에서 통기관을 입상하여 통기수평지관으로 하며, 그 말단을 통기수직관에 접속하는 방식이다(최상류 두 기구 사이에서 회로통기관을 연결한다).

(3) **도피통기관**(逃避通氣管, Relief Vent Pipe)

① 회로통기관의 통기 능률을 촉진시키기 위하여 설치한다.

② 배수수평지관 최하류의 기구배수관 접속점 바로 하류에서 도피통기관을 빼낸다.

(4) **습식통기관**(습윤통기관, Wet Vent Pipe)

최상류 기구의 바로 아래에서 연결되어 통기와 배수의 역할을 함께 하는 통기관이다.

(5) **결합통기관**(結合通氣管, Yoke Vent Pipe)

① 고층건물의 경우 배수수직주관과 통기수직주관을 접속하는 통기관이다.

② 브랜치 간격의 수가 11 이상인 건물의 오수와 배수수직관에는 최상부층에서 시작하여 매 10개의 브랜치 간격마다 결합통기관을 설치한다.

> ▲ 브랜치 간격(Branch Interval): 배수수직관에 연결된 수평지관 사이의 수직 거리가 2.4m 이상인 간격을 말한다. 측정은 수직관에 연결된 최상층 수평지관으로부터 아래로 한다. 브랜치 간격은 두 개의 배수수평지관 간의 거리를 기준으로 1개 층으로 할 것인지 2개 층으로 할 것인지를 구분하는 것이다.

(6) **신정통기관**(伸頂通氣管, Stack Vent Pipe)

배수수직주관을 옥상 부분까지 연장하여 통기관으로 사용하는 부분을 말한다.

예제

배수수직관 내 압력변동을 방지하기 위해 배수수직관과 통기수직관을 연결하는 통기관은?

제27회

① 결합통기관　　　② 공용통기관　　　③ 각개통기관
④ 루프통기관　　　⑤ 신정통기관

(1) 고층건물의 경우 배수수직주관과 통기수직주관을 연결한 통기관이다.
(2) 브랜치 간격의 수가 11 이상인 건물의 오수와 배수수직관에는 최상부층에서 시작하여 매 10개의 브랜치 간격마다 결합통기관을 설치한다.

▶ 정답 ①

---

4 대변기와 밸브

1. 대변기 세정방식에 따른 분류

(1) 세출식(洗出式, Wash Out Type)

① 오물을 변기바닥의 얕은 수면에 일시적으로 받아 변기 가장자리의 여러 곳에서 토출되는 세정수로 오물을 씻어내리는 방식이다.

② 동양식 변기에 가장 많이 사용한다.

(2) 세락식(洗落式, Wash Down Type)

① 오물을 직접 트랩 내의 유수(溜水)부에 낙하시켜 물의 낙차에 의하여 오물을 배출하는 방식이다.

② 일반적으로 보급형 양식변기에 주로 사용한다.

(3) 사이펀식(Syphon Type)

양식 대변기로서 변좌에 앉아 용변을 보며 오물을 직접 유수 중에 낙하시켜 굴곡된 배수로의 저항에 따라 세정수에 의해 배수로 내를 만수하여 사이펀작용을 일으켜 흡인 배출되는 방식이다. 소음이 큰 것이 단점이다.

(4) 사이펀 볼텍스식(Syphon Vortex Type)

사이펀작용에 물의 회전운동을 주어 와류(渦流)작용을 가한 방식이다. 세정음이 아주 조용하다.

(5) 사이펀 제트식(Syphon Jet Type)

트랩 입구 측에 제트구멍이 있어 급수구에서 유입될 물의 일부가 제트 구멍에서 분출하여 배수로 관내를 재빠르게 만수시켜 자기사이펀작용을 보다 촉진시켜 흡인작용으로 세정하는 방식이다. 성능이 가장 우수하다.

(6) 블로아웃식(Blow-out Type)

① 변기 가장자리에서 세정수를 적게 내뿜고 분수(噴水) 구멍에서 높은 압력으로 물을 뿜어내어 그 작용으로 오물을 불어내어 배출하는 방식이다. 세정음이 크다.

② 따라서 주택이나 호텔 등에서의 사용은 바람직하지 않다.

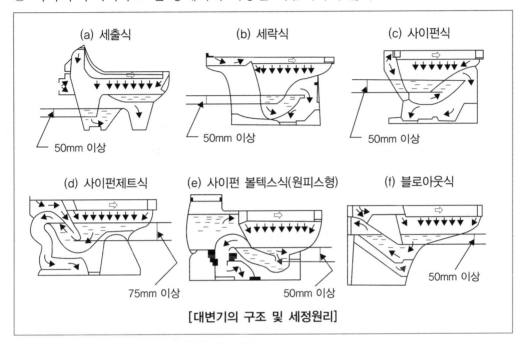

(a) 세출식   50mm 이상

(b) 세락식   50mm 이상

(c) 사이펀식   50mm 이상

(d) 사이펀제트식   75mm 이상

(e) 사이펀 볼텍스식(원피스형)   50mm 이상

(f) 블로아웃식   50mm 이상

[대변기의 구조 및 세정원리]

예제

위생기구에 관한 내용으로 옳은 것을 모두 고른 것은?   제25회

ㄱ 세출식 대변기는 오물을 직접 유수부에 낙하시켜 물의 낙차에 의하여 오물을 배출하는 방식이다.
ㄴ 위생기구 설비의 유닛(Unit)화는 공기단축, 시공정밀도 향상 등의 장점이 있다.
ㄷ 사이펀식 대변기는 분수구로부터 높은 압력으로 물을 뿜어내어 그 작용으로 유수를 배수관으로 유인하는 방식이다.
ㄹ 위생기구는 흡수성이 작고, 내식성 및 내마모성이 우수하여야 한다.

① ㄱ, ㄷ   ② ㄴ, ㄹ   ③ ㄱ, ㄴ, ㄹ
④ ㄴ, ㄷ, ㄹ   ⑤ ㄱ, ㄴ, ㄷ, ㄹ

해설
ㄱ 세락식 대변기는 오물을 직접 유수부에 낙하시켜 물의 낙차에 의하여 오물을 배출하는 방식이다. 세출식 대변기는 오물을 변기 바닥의 얕은 수면에 일시적으로 받아 변기 가장자리의 여러 곳에서 토출되는 세정수로 오물을 씻어내리는 방식이다.
ㄷ 블로아웃식 대변기는 분수구로부터 높은 압력으로 물을 뿜어내어 그 작용으로 유수를 배수관으로 유인하는 방식이다.

▶ 정답 ②

2. 세정 밸브식(Flush Valve, 플러시 밸브식)

(1) 급수관에서 세정 밸브를 거쳐 변기 급수구에 직결되고, 세정 밸브의 핸들을 작동함으로써 일정량의 물이 분사되어 변기 속을 세정하는 방식이다.

(2) 대변기의 오수가 급수관으로 역류하는 것을 방지하기 위해 진공방지기(Vacuum Breaker)를 설치해야 한다.

(3) 학교, 사무실, 호텔 등에 적합하다.

> **예제**
>
> **위생기구의 세정(플러시) 밸브에 관한 설명으로 옳지 않은 것은?**　　　　제23회
> ① 플러시 밸브의 2차측(하류측)에는 버큠 브레이커(Vacuum Breaker)를 설치한다.
> ② 버큠 브레이커(Vacuum Breaker)의 역할은 이미 사용한 물의 자기사이펀작용에 의해 상수계통(급수관)으로 역류하는 것을 방지하기 위한 기구이다.
> ③ 플러시 밸브에는 핸들식, 전자식, 절수형 등이 있다.
> ④ 소음이 크고, 단시간에 다량의 물을 필요로 하는 문제점 등으로 인해 일반 가정용으로는 거의 사용하지 않는다.
> ⑤ 급수관의 관경은 25mm 이상 필요하다.
>
> **해설**
> ② 버큠 브레이커(Vacuum Breaker)의 역할은 급수관 내의 부압의 형성에 의한 역사이펀작용에 의해 이미 사용한 물이 상수계통(급수관)으로 역류하는 것을 방지하기 위한 기구이다.
>
> ▶ 정답 ②

3. 스톱밸브류

(1) **슬루스 밸브(Sluice Valve)**

① 일명 게이트 밸브(Gate Valve)라고도 하며, 유체의 마찰손실이 작아 급수·급탕 배관에 많이 사용한다.

② 유체의 흐름에 따른 관내마찰 저항손실이 작다.

③ 밸브를 반 정도 열고 사용하면 와류(渦流)가 생겨 유체저항이 커지기 때문에 유량 조절에는 적합하지 않다.

④ 찌꺼기가 체류해서는 안 되는 급탕·난방배관에 적합하며, 유량조절용으로는 부적합하다.

⑵ 글로브 밸브(Globe Valve)

① 스톱 밸브(Stop Valve)라고도 하며, 밸브의 형식이 구(球) 같아서 붙여진 이름이다.

② 구조상 유량조절과 배관의 개폐용으로 사용된다.

③ 유체의 저항 손실이 크고, 관내의 유체를 완전히 배출시키는 경우에도 유체가 잔류하는 단점이 있어 급탕배관에는 적합하지 않다.

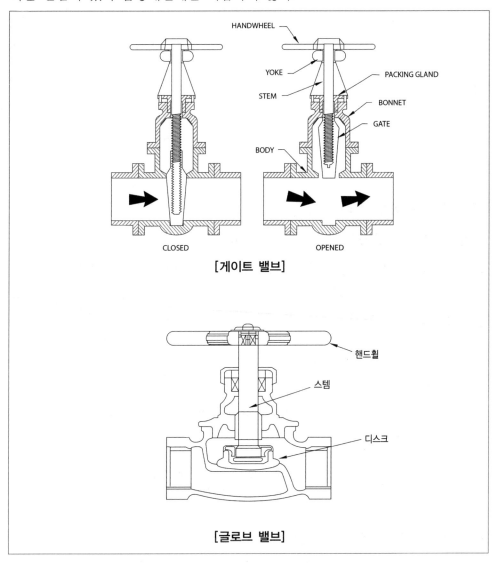

[게이트 밸브]

[글로브 밸브]

예제

배관의 부속품에 관한 설명으로 옳지 않은 것은? 제25회

① 볼 밸브는 핸들을 90도 돌림으로써 밸브가 완전히 열리는 구조로 되어 있다.

② 스트레이너는 배관 중에 먼지 또는 토사, 쇠 부스러기 등을 걸러내기 위해 사용한다.

③ 버터플라이 밸브는 밸브 내부에 있는 원판을 회전시킴으로써 유체의 흐름을 조절한다.

④ 체크 밸브에는 수평·수직 배관에 모두 사용할 수 있는 스윙형과 수평배관에만 사용하는 리프트형이 있다.

⑤ 게이트 밸브는 주로 유량조절에 사용하며 글로브 밸브에 비해 유체에 대한 저항이 큰 단점을 갖고 있다.

해설

⑤ 글로브 밸브는 주로 유량조절에 사용하며 게이트 밸브에 비해 유체에 대한 저항이 큰 단점을 갖고 있다.

▶ 정답 ⑤

5 오수의 오염 지표

(1) 생물화학적 산소요구량(BOD, Biochemical Oxygen Demand)

① 20℃에서 5일 동안 미생물이 유기물을 산화 분해하는데 소비되는 용존(溶存) 산소의 양을 말한다. 수중의 BOD량은 호기성 미생물에 의한 분해에 의해서 일어나며 생물학적으로 분해 가능한 유기물 오염의 간접적인 지표로 사용된다.

② BOD 농도가 높다는 것은 오수 속에 유기물이 다량 함유되어 미생물이 이것을 분해·안정화시키는데 많은 양의 산소를 소모한다는 것을 말한다. 따라서 수질오염의 정도를 측정하는 지표로 널리 사용되고 있다.

③ **BOD제거율**: 생물화학적 산소요구량 제거율은 정화조의 오수처리능력을 나타내는 항목이다.

$$\text{BOD제거율(\%)} = \frac{\text{유입수의 BOD(mg/l)} - \text{유출수의 BOD(mg/l)}}{\text{유입수의 BOD(mg/l)}} \times 100$$

(2) 화학적 산소요구량(COD, Chemical Oxygen Demand)

폐수 중 유기물질을 강한 산화제[과망간산칼륨($KMnO_4$)과 중크롬산칼륨($K_2Cr_2O_7$)]으로 산화시키는데 필요한 산소의 양으로서 측정한다. 일반적으로 오수의 COD값은 BOD값보다 높은데, 이것은 미생물에 의해서는 분해되지 않는 유기물까지 화학적으로 산화되기 때문이다.

⑶ **용존산소량**(DO, Dissolved Oxygen)

오수 중에 녹아 있는 산소량으로 DO가 클수록 정화능력이 우수한 수질임을 의미한다.
용존산소는 주로 공기 중의 산소에 의하여 수면을 통해 공급된다.

⑷ **부유물질**(浮遊物質, SS, Suspended Solids)

오수 속에 포함되어 있는 $0.1\mu m$ 이상의 고형물질로서 물에 용해되지 않는 것을 말한다.
부유물질은 탁도(濁度)를 유발하는 원인물질로서 수계(水界)에서 어개류(魚介類)의
호흡, 일광의 수중투과, 조류(藻類)의 동화작용 등을 방해한다.

예제

〈보기〉에서 오수의 수질을 나타내는 지표를 모두 고른 것은?   제19회

┌ 보기 ┐

㉠ VOCs(Volatile Organic Compounds)
㉡ BOD(Biochemical Oxygen Demand)
㉢ SS(Suspended Solid)
㉣ PM(Particulate Matter)
㉤ DO(Dissolved Oxygen)

① ㉠, ㉡   ② ㉡, ㉢   ③ ㉠, ㉢, ㉣
④ ㉡, ㉢, ㉣   ⑤ ㉡, ㉢, ㉤

해설
㉡ BOD(Biochemical Oxygen Demand) : 생물화학적 산소요구량(수질)
㉢ SS(Suspended Solid) : 부유물질(수질)
㉤ DO(Dissolved Oxygen) : 용존산소량(수질)
㉠ VOCs(Volatile Organic Compounds) : 휘발성 유기물질(공기질)
㉣ PM(Particulate Matter) : 미세입자(공기질)

▶ 정답 ⑤

---

6 **소방설비**

1. 화재의 정의와 분류

(1) 정 의

「소방기본법」상 화재의 정의는 '사람의 의도에 반하거나 고의에 의하여 발생하는 연소현상으로서 소화기구·소화설비 또는 동등 이상의 시설을 이용하여 소화할 필요가 있는 연소현상'을 말한다.

(2) 화재의 분류

♠ 소화기구 및 자동소화장치의 화재안전기술기준(NFTC 101)

A급화재	나무, 섬유, 종이, 고무, 플라스틱류와 같은 일반 가연물이 타고 나서 재가 남는 화재를 말한다. 일반화재에 대한 소화기의 적응 화재별 표시는 'A'로 표시한다.
B급화재	인화성 액체, 가연성 액체, 석유 그리스, 타르, 오일, 유성도료, 솔벤트, 래커, 알코올 및 인화성 가스와 같은 유류가 타고 나서 재가 남지 않는 화재를 말한다. 유류화재에 대한 소화기의 적응 화재별 표시는 'B'로 표시한다.
C급화재	전류가 흐르고 있는 전기기기, 배선과 관련된 화재를 말한다. 전기화재에 대한 소화기의 적응 화재별 표시는 'C'로 표시한다.
D급화재	마그네슘, 티타늄, 지르코늄, 나트륨, 리튬, 칼륨 등과 같은 가연성 금속에서 발생하는 화재를 말한다.
K급화재	주방에서 동식물유를 취급하는 조리기구에서 일어나는 화재를 말한다. 주방화재에 대한 소화기의 적응 화재별 표시는 'K'로 표시한다.

(3) 소방설비

🏠 **소방설비**

구 분	내 용	
소화설비	물 또는 그 밖의 소화약제를 사용하여 소화하는 기계·기구 또는 설비	
	① 소화기구	㉠ 소화기 ㉡ 간이소화용구: 에어로졸식 소화용구, 투척용 소화용구, 소공간용 소화용구 및 소화약제 외의 것을 이용한 간이소화용구 ㉢ 자동확산소화기
	② 자동소화장치	㉠ 주거용 주방자동소화장치 ㉡ 상업용 주방자동소화장치 ㉢ 캐비닛형 자동소화장치 ㉣ 가스자동소화장치 ㉤ 분말자동소화장치 ㉥ 고체에어로졸자동소화장치
	③ 옥내소화전설비(호스릴옥내소화전설비를 포함한다)	
	④ 스프링클러설비등	㉠ 스프링클러설비 ㉡ 간이스프링클러설비(캐비닛형 간이스프링클러설비를 포함한다) ㉢ 화재조기진압용 스프링클러설비
	⑤ 물분무등소화설비	㉠ 물분무소화설비 ㉡ 미분무소화설비 ㉢ 포소화설비 ㉣ 이산화탄소소화설비 ㉤ 할론소화설비 ㉥ 할로겐화합물 및 불활성기체(다른 원소와 화학반응을 일으키기 어려운 기체를 말한다)소화설비 ㉦ 분말소화설비 ㉧ 강화액소화설비 ㉨ 고체에어로졸소화설비
	⑥ 옥외소화전설비	
경보설비	화재발생 사실을 통보하는 기계·기구 또는 설비	
	① 단독경보형 감지기	
	② 비상경보설비	㉠ 비상벨설비 ㉡ 자동식사이렌설비

		③ 시각경보기 ④ 자동화재탐지설비 ⑤ 비상방송설비 ⑥ 자동화재속보설비 ⑦ 통합감시시설 ⑧ 누전경보기 ⑨ 가스누설경보기 ⑩ 화재알림설비
피난구조설비		화재가 발생할 경우 피난하기 위하여 사용하는 기구 또는 설비
	① 피난기구	㉠ 피난사다리 ㉡ 구조대 ㉢ 완강기 ㉣ 간이완강기 ㉤ 그 밖에 화재안전기준으로 정하는 것
	② 인명구조기구	㉠ 방열복, 방화복(안전모, 보호장갑 및 안전화를 포함한다) ㉡ 공기호흡기 ㉢ 인공소생기
	③ 유도등	㉠ 피난유도선 ㉡ 피난구유도등 ㉢ 통로유도등 ㉣ 객석유도등 ㉤ 유도표지
	④ 비상조명등 및 휴대용비상조명등	
소화용수설비		화재를 진압하는 데 필요한 물을 공급하거나 저장하는 설비 ① 상수도소화용수설비 ② 소화수조·저수조, 그 밖의 소화용수설비
소화활동설비		화재를 진압하거나 인명구조활동을 위하여 사용하는 설비 ① 제연설비 ② 연결송수관설비 ③ 연결살수설비 ④ 비상콘센트설비 ⑤ 무선통신보조설비 ⑥ 연소방지설비

2. 주요 소화설비 관련 숫자

구 분	옥내소화전	옥외소화전	연결송수관설비	스프링클러설비
소화범위(m)	25	40	50	3.2(간격 4.5)
방수압력(MPa)	0.17	0.25	0.35	0.1
방수량(ℓ/min)	130	350	—	80
저수량(m³)	2.6 × N (1 − 2)	7 × N (1 − 2)	소화활동설비	1.6 × N (Apt 기준개수 10)

예제

소방시설 설치 및 관리에 관한 법령상 화재를 진압하거나 인명구조활동을 위하여 사용하는 소화활동설비에 해당하는 것은? 제26회

① 이산화탄소소화설비　② 비상방송설비　③ 상수도소화용수설비
④ 자동식사이렌설비　⑤ 무선통신보조설비

해설
① 소화설비, ② 경보설비, ③ 소화용수설비, ④ 경보설비

▶ 정답 ⑤

7　난방기초(열과 습도)

1. 열

(1) 열 량

열량은 [질량 × 비열 × 온도차 = 질량 × 엔탈피의 차]를 말한다.

$$Q = m \cdot c \cdot \Delta T$$
$$Q: 열량(kJ), \ m: 질량(kg), \ c: 비열(kJ/kg \cdot K), \ \Delta T: 온도차(K)$$

(2) 비 열

단위질량의 물체 온도를 1℃ 상승시키는데 필요한 열량을 말한다.

참고

1. 1kcal = 4.2kJ, 1kJ = 0.24kcal
2. 1kW = 1kJ/s = 860kcal/h
3. 물의 비열: 4.2kJ/kg · K, 공기의 비열: 1.01kJ/kg · K (0.24kcal/kg · ℃)

(3) 열용량

어떤 물질을 1℃ 올리는데 필요한 열량(kJ/K, 현열구간에서 질량 × 비열)이다.

열용량	예열시간	난방 지속시간	난방구분	난방방식	단열구분	온도변화
크 다	길다	길다	지속난방	온수 · 복사	외단열	작다
작 다	짧다	짧다	간헐난방	증기	내단열	크다

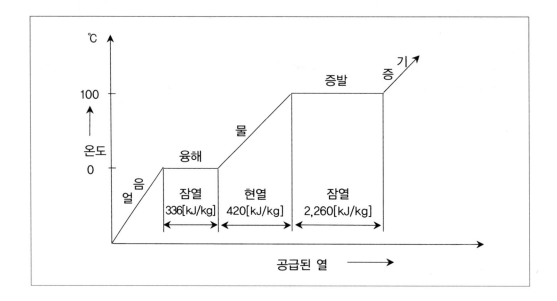

(4) 현열(顯熱, Sensible Heat)

상태는 변하지 않고 온도가 변하면서 출입하는 열을 말한다.

▲ 현열을 이용한 난방(온수난방) : 온도를 조절할 수 있기 때문에 난방부하변동에 따른 방열량 조절이 용이하다.

(5) 잠열(潛熱, Latent Heat)

온도는 변하지 않고 상태가 변하면서 출입하는 열을 말한다.

▲ 잠열을 이용한 난방(증기난방) : 온도조절이 곤란하여 방열량 조절이 용이하지 않다.

(6) 엘탈피

어떤 물질이 가지고 있는 내부 에너지(kJ/kg, 현열구간에서 비열 × 온도)를 말한다.

🔺 현열비 = 현열/(현열 + 잠열)

    1. 융해잠열 : 80kcal/kg = 336kJ/kg (0℃ 얼음 1kg ⇨ 0℃ 물)
    2. 증발잠열 : 539kcal/kg = 2257kJ/kg (100℃ 물 1kg ⇨ 100℃ 증기)

예제

건축설비의 기초사항에 관한 내용으로 옳은 것은?   제25회

① 순수한 물은 1기압 하에서 4℃일 때 가장 무겁고 부피는 최대가 된다.
② 섭씨 절대온도는 섭씨온도에 459.7을 더한 값이다.
③ 비체적이란 체적을 질량으로 나눈 것이다.
④ 물체의 상태 변화 없이 온도가 변화할 때 필요한 열량은 잠열이다.
⑤ 열용량은 단위 중량 물체의 온도를 1℃ 올리는데 필요한 열량이다.

해설
① 순수한 물은 1기압 하에서 4℃일 때 가장 무겁고 부피는 최소가 된다.
② 섭씨 절대온도는 섭씨온도에 273.16을 더한 값이고 459.7을 더한 값은 화씨에서 이용된다.
④ 물체의 상태 변화 없이 온도가 변화할 때 필요한 열량은 현열이다.
⑤ 비열은 단위 중량 물체의 온도를 1℃ 올리는데 필요한 열량이다.

▶ 정답 ③

---

2. 열의 이동

(1) 대류(對流, Convection)

① 열 때문에 유체가 위아래로 뒤바뀌며 움직여 열을 전달하는 현상
② 실내의 상하 온도차가 발생
③ **대류를 이용한 난방** : 온풍난방, 증기난방, 온수난방

(2) 복사(輻射, Thermal Radation)

① 열을 빛과 같은 전자기파의 형태로 이동시키는 열전달 방식 중 한 가지 방식
② 복사를 이용한 난방방식(= 복사난방)
    ㉠ 실온이 낮아도 난방효과가 있음
    ㉡ 창을 개방상태로 두어도 열손실이 적음
    ㉢ 실내의 상하 온도차가 작아 외기의 침입이 많고 충고가 높은 실내 난방에 적합

(3) 전도(傳導, Heat Conduction)

온도가 다른 두 물체를 접촉시켰을 때 물질의 이동 없이 온도가 높은 곳에서 온도가 낮은 곳으로 열이 전달되는 현상

3. 습 도

(1) 습 도

대기 중에 포함되어 있는 수증기량의 비율

(2) 절대습도(Absloute Humidity)

수증기를 포함하지 않은 공기(건공기) 1kg과 수증기 x kg을 포함하는 습공기 $1 + x$ kg이 있을 때 그 공기는 절대습도 x kg/kg′ 또는 kg/kg[D.A.]라 한다.

(3) 상대습도(Relative Humidity)

대기 중의 수증기 비율은 어느 일정 용량의 공기가 포함되어 있는 수증기압과 이때 기온에 대해 최대 함유된 포화수증기압과의 비

$$상대습도(\%) = \frac{실제 \ 수증기압}{그 \ 온도에서의 \ 포화수증기압} \times 100$$

$$= \frac{현재 \ 공기 \ 속에 \ 포함된 \ 수증기량}{현재 \ 기온에서의 \ 포화수증기량} \times 100$$

(4) 결 로

실내공기가 벽면이나 유리에 접촉하여 냉각되는 것이 원인이며, 공기 중 수증기가 응축하여 물방울로 되어 나타나는 현상

8 전기의 기초

1. 전 압

전기를 흐르게 하는 압력을 말한다.

> 1볼트(V)
> 1쿨롱(C)의 전하가 두 지점 간을 이동할 때 얻거나 잃는 에너지가 1줄(Joule)일 때의 전압(전위차)
>
> $$V = \frac{W}{Q}(V) \text{ 또는 } W = VQ(J)$$
>
> V : 전압(V), W : 일(에너지, J), Q : 전하량(C)

● **전압의 구분**(한국전기설비규정 KEC)

전압구분	2021년 이후 기준
저 압	교류 : 1,000V 이하
	직류 : 1,500V 이하
고 압	저압 초과 7kV 이하
특고압	7kV 초과

2. 전 류

전류의 크기는 도체의 단면을 단위시간에 통과하는 전하량으로 정의한다.

① **전류의 크기** : 1초 동안에 1쿨롱(C)의 전하가 이동했을 때의 전류의 크기를 1(A)

$$I = \frac{Q}{t}(A)$$

② 전압계는 병렬로, 전류계는 직류로 연결한다.

3. 저항 : 전류의 흐름을 방해하는 성질

저항의 크기는 물체의 길이에 비례하고 단면적에 반비례한다.

$$R = \rho \frac{l}{s}(\Omega)$$

R : 저항(Ω), ρ : 고유저항률($\Omega \cdot cm$), l : 길이(cm), s : 단면적(cm^2)

(1) **옴의 법칙**(Ohm's Law)

① 도체에 흐르는 전류의 크기는 가해진 전압의 크기에 비례하며, 전기저항에 반비례한다.

$$I = \frac{V}{R}(A), \ R = \frac{V}{I}(\Omega), \ V = IR(V)$$

② 저항이 일정할 때 인가전압이 증가하면 전류도 증가한다.

(2) **저항의 접속**

① **직렬 접속**: 저항을 일렬로 접속하는 것을 직렬 접속이라 하고, 이 저항들과 전원이 모두 직렬로 접속되어 있는 것을 직렬 회로라고 한다.

$$R = R_1 + R_2 + R_3 \ (\Omega)$$

② **병렬 접속**: 저항의 양 끝을 각각 1개소에서 접속하는 방법을 저항의 병렬 접속이라 하고, 이 저항들이 전원과 접속되어 있는 회로를 병렬 회로라고 한다.

$$\frac{1}{R} = \frac{1}{R_1} + \frac{1}{R_2} + \frac{1}{R_3}$$

4. 전 력

(1) **전 력**

① 직류 전원의 전력

$$P(W) = 전압V(V) \times 전류I(A) = V \times I = I^2R = V^2/R$$

② 교류 전원의 전력

㉠ 단상 P(W) = V×I×**역률**(cosφ)
㉡ 삼상 P(W) = $\sqrt{3}$ ×V×I×**역률**(cosφ)

(2) **역률 개선**: 진상콘덴서(SC)

역률 개선 효과로는 전력손실 감소, 수변전 설비용량 감소, 한전의 송전능력 확대가 있다.

$$역률 = \frac{유효전력}{피상전력}$$

전기설비에 관한 설명으로 옳지 않은 것은?   제21회

① 1주기는 60Hz의 경우 1/60초이다.

② 1W는 1초 동안에 1J의 일을 하는 일률이다.

③ 30Ω의 저항 3개를 병렬로 접속하면 합성저항은 10Ω이다.

④ 고유저항이 일정할 경우 전선의 굵기와 길이를 각각 2배로 하면 저항은 2배가 된다.

⑤ 저항이 일정할 경우 임의의 폐회로에서 전압을 2배로 하면 저항에 흐르는 전류는 2배가 된다.

해설
④ 고유저항이 일정할 경우 전선의 굵기와 길이를 각각 2배로 하면 전선의 단면적은 4배가 되며 단면적에 반비례하므로 저항은 1/2배가 된다.

▶ 정답 ④

5. 조명계산

조도, 전등의 종류 및 조명기구의 형식이 결정된 후 그 실내에서 필요한 총 광속을 광속법에 따라 결정한다.

광속법에 의한 조도계산(NFUM = EA, NFU = EAD)

- 소요램프수: $N = \dfrac{E \times A}{F \times U \times M}$(개)

- 소요광속: $N \times F = \dfrac{E \times A}{M \times U} = \dfrac{E \times A \times D}{U}$(lm)

- 소요평균조도: $E = \dfrac{N \times F \times U \times M}{A}$(lx)

N: 램프의 개수, F: 램프 1개당 광속(lm), E: 평균 수평면 조도(lx), D: 감광보상률,
U: 조명률, M: 보수율(유지율), 감광보상률과 유지율의 관계: D × M = 1

1 재료의 성질

1. 탄성(Elasticity) · 소성(Plasticity) · 점성(Viscosity)

(1) 탄성(彈性)

재료에 외력(外力)이 작용하면 변형(變形)이 생기며, 외력을 제거하면 재료가 본래의 모양이나 크기로 되돌아가는 성질을 말한다. 탄성의 성질을 가진 물체를 탄성체(Elastic Body)라고 한다.

(2) 소성(塑性)

재료에 외력이 작용하면 변형이 생기며, 외력을 제거하여도 재료가 본래의 크기나 모양으로 돌아가지 않고 변형된 그 상태로 남는 성질을 말한다. 소성의 성질을 가진 물체를 소성체(Plastic Body)라고 한다.

(3) 점성(粘性)

재료에 외력이 작용했을 때 변형이 하중속도에 따라 영향을 받는 성질을 말한다. 유체가 유동하고 있을 때 유체의 흐름을 방해하려는 내부마찰저항이 생기는데 이를 점성이라 한다.

2. 강도(Strength)

강도(强度)란 재료에 외력(하중)이 작용했을 때 그 외력에 의하여 변형이나 파괴되지 않고 이에 저항할 수 있는 능력을 말한다.

3. 경도(Hardness)와 강성(Rigidity)

(1) 경도(硬度)

재료의 단단한 정도를 말한다. 경도는 바닥 마감재의 내마모성, 홈 등에 영향을 미치는 요인이 된다.

(2) 강성(剛性)

재료가 외력을 받아도 잘 변형되지 않는 성질을 말하며, 외력을 받아도 변형을 적게 일으키는 재료를 강성이 큰 재료라 한다.

4. 인성(Toughness)과 취성(Brittleness)

(1) 인성(靭性)

재료가 외력을 받아 변형을 일으키면서도 파괴되지 않고 잘 견딜 수 있는 성질을 말한다. 압연강·고무와 같은 재료는 인성이 큰 재료이다.

(2) 취성(脆性)

재료가 외력을 받아도 변형되지 않거나 극히 미미한 변형을 수반하고 파괴되는 성질을 말한다. 취성을 가진 재료는 갑자기 파괴될 위험성이 크다. 주철·유리·콘크리트 등은 취성이 큰 재료이다.

5. 연성(Ductility)과 전성(Malleability)

(1) 연성(延性)

재료가 탄성한계 이상의 힘을 받아도 파괴되지 않고 가늘고 길게 늘어나는 성질을 말한다. 연성이 좋은 재료란 인장력을 주어 가늘고 길게 늘어나게 할 수 있는 재료를 말한다.

(2) 전성(展性)

재료가 압력이나 타격에 의해 파괴됨이 없이 판상의 펼쳐지는 성질을 말한다.

2 응 력

1. 하중과 응력

(1) 구조체에 작용하는 힘을 하중 또는 외력이라 한다.

(2) 이러한 외력시스템에 대응하여 구조부재의 내부에 발생하는 저항력을 내력(內力, Internal Force)이라 한다.

(3) 내력에 그것이 작용하는 단면의 크기로 나눈 값을 응력(應力, Stress)이라 하며, 응력의 크기를 응력도(應力度, Stress Level, P/A)라 한다.

2. 응력의 종류

(1) **휨응력**(Bending Stress)

① 보에 실린 하중은 보에 휨모멘트를 일으키며 그 결과 중립축(中立軸)을 중심으로 상부에는 압축응력, 하부에는 인장응력이 발생하게 된다.

② 동일한 단면적을 갖는 보라 할지라도 중립축으로부터 상하측 단부까지의 거리가 멀수록 휨모멘트에 대한 내력이 증가한다. 따라서 직사각형 단면을 갖는 부재의 경우 옆으로 눕히는 것보다 세워서 설치하는 것이 유리하다.

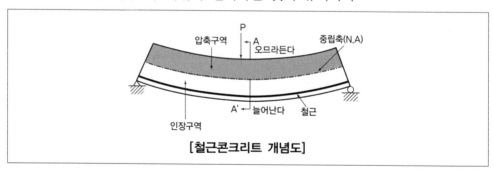

[철근콘크리트 개념도]

(2) **축방향 응력**(Axial Stress)

외력이 부재의 주축(主軸)방향과 나란하게 작용하면 축방향(軸方向) 응력이 발생한다. 이 경우 응력의 크기는 부재의 길이 전체에 걸쳐 일정하다. 축방향 응력은 인장응력과 압축응력의 두 종류로 나누어진다.

(3) 전단응력(剪斷應力, Shearing Stress)

보 단면 내부의 작은 사각형입자에 대하여 이를 적용해보면, 입자의 4변에 마찰력이 작용하게 된다. 이 네 개의 힘은 둘씩 합성되어 45° 방향으로 입자를 인장하는 사인장(斜引張, Diagonal) 응력을 만들어 내며, 이러한 힘에 의한 파괴를 사인장력에 의한 전단파괴라 한다. 실제 구조물에 나타난 구조적 균열의 대부분은 이러한 작용의 결과이다. 콘크리트 보에 수직하중이 가해지면 휨력과는 별도로 전단력이 발생한다. 콘크리트 두께만 가지고는 전단력을 감당할 수 없을 때는 철근으로 보강할 필요가 생기는데 전단면과 수직으로 배근해야 원칙이지만 시공편의상 수직으로 배근해도 무방하다. 이를 늑근(스터럽 철근, Stirrup Bar)이라 한다.

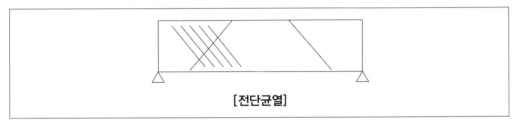

[전단균열]

(4) 비틀림응력

기둥이 없는 곳에서 보와 보가 만나면 작은 보의 끝단에서 생기는 휨력은 큰보의 중간에 비틀림력을 발생시키게 되는데 이때도 스터럽 철근으로 보강한다.

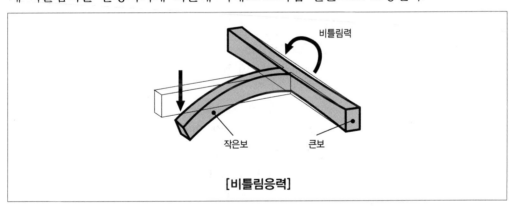

[비틀림응력]

3 건축구조의 분류

구성양식에 따른 분류	사용재료에 따른 분류	시공과정에 따른 분류
가구식구조 ① 각 부재의 짜임새·접합부 강도가 좌우 ② 횡력에 강함(가새로 보강)	나무구조 ① 구조 방법 간단 ② 부패 쉽고, 내화력 부족 철골구조 ① 공간이 넓은 건물에 적합 ② 내진적이고 강력 ③ 비내화적이지만 강력	건식구조 ① 물이나 흙을 사용하지 않음 ② 겨울에도 시공 가능 ③ 가구식·철골 구조가 속함 ④ 시공 쉬움 ⑤ 공사기간이 단축 ⑥ 구조재의 대량 생산
조적식구조 ① 개체의 강도와 개체 사이의 밀착도(교착력)가 중요 ② 부동침하에 대한 저항성 약함 ③ 횡력(지진·태풍 등)에 약함	벽돌구조 ① 내화·내구적·방한·방서적 ② 횡력에 약함 블록구조 ① 경량·내구·내화 ② 시공 간편, 고층건물에 부적합 돌구조 ① 방한·방서적, 내화·내구적 ② 외관이 장중하나 고가 ③ 시공이 까다로움	습식구조 ① 물을 사용 ② 겨울철 공사가 곤란
일체식구조 ① 가장 강력한 구조 ② 내구·내화·내진적 ③ 자중이 큼	철근콘크리트구조 ① 대규모 건축에 적합 ② 내진·내화·내구적 ③ 설계·의장이 자유로움 ④ 중량이 무겁고 공사기간이 김 철골·철근콘크리트구조 ① 내구·내화·내진적 ② 대규모 건물에 적합 ③ 시공복잡	

용어정의

1. 구조내력 : 구조부재 및 이와 접하는 부분 등이 견딜 수 있는 부재력
2. 캔틸레버(Cantilever) 보 : 한 쪽만 고정시키고 다른 쪽은 돌출시켜 하중을 지지하도록 한 구조
3. 기둥 : 높이가 단면 치수의 3배 이상인 수직부재로 주로 압축력에 저항
4. 벽 : 두께에 직각으로 측정한 수평치수가 그 두께의 3배를 넘는 수직부재
5. 부재(部材)
   ① 구조물의 기본 뼈대를 이루는 데 중요한 요소가 되는 철재, 목재 따위의 재료
   ② 건축물을 구성하는 기둥, 보와 같은 요소로 수직(부)재로는 기둥과 벽, 수평(부)재로는 보
      와 슬래브가 있음

---

1. 기타구조

골조구조(라멘구조)	보와 기둥이 강접합된 격자로 이루어진 구조형식
벽식구조	보와 기둥 없이 벽체와 바닥슬래브로 이루어진 구조
트러스구조	2개 이상의 직선부재의 양단을 마찰이 없는 힌지로 연결(핀 접합)해서 삼각형의 단위공간으로 만든 구조물
입체트러스구조	트러스를 종횡으로 짜서 일체식으로 넓은 평판을 3차원으로 구성
아치구조	인장력을 발생시키지 않고 압축력 만으로 외력에 저항할 수 있도록 유도한 곡선 형태의 구조
현수구조	기둥과 기둥 사이를 강제 케이블로 연결한 다음, 지붕 또는 바닥판을 매단 구조로서 케이블에는 인장력이 작용
절판구조	판을 주름지게 하여 하중에 대한 저항을 증가시키는 건축구조
쉘구조	조개껍질의 원리를 응용한 곡면판 구조로 얇은 두께로 넓은 경간의 지붕을 만들 수 있음
막구조	텐트나 풍선과 같이 막이 갖는 인장력 만으로 저항하는 구조형식

예제

구조 형식에 관한 설명으로 옳지 않은 것은?   제26회

① 조적조는 벽돌 등의 재료를 쌓는 구조로 벽식에 적합한 습식구조이다.
② 철근콘크리트 라멘구조는 일체식 구조로 습식구조이다.
③ 트러스는 부재에 전단력이 작용하는 건식구조이다.
④ 플랫슬래브는 보가 없는 바닥판 구조이며 습식구조이다.
⑤ 현수구조는 케이블에 인장력이 작용하는 건식구조이다.

해설
③ 트러스의 부재는 인장력과 압축력만 받도록 만들어져 있으며, 모든 부재가 휘지 않게 접합점을 힌지로 만든 삼각형의 구조물이다.

▶ 정답 ③

2. 하중: 건축물에 미치는 물리적인 힘

① **장기하중**: 고정하중, 활하중(적재하중)
② **단기하중**: 설하중(눈이 많이 오는 지역 제외), 풍하중, 지진하중, 충격하중 등

4 기초

건물의 상부하중을 지반에 전달하여 안전하게 지지할 수 있게 만든 하부구조로 기초판과 지정을 포함한다.

(1) 기초판 형식에 의한 분류

① 독립기초   ② 복합기초   ③ 연속(줄)기초   ④ 전면기초(온통기초)

(2) 지정형식에 의한 분류

① 직접기초   ② 말뚝기초   ③ 피어기초   ④ 잠함기초

(3) 얕은기초와 깊은기초

① **얕은기초**: 기초 폭에 비하여 지반 근입 깊이가 얕고, 상부구조물의 하중을 분산시켜 기초하부 지반에 직접 전달하는 기초형식
② **깊은기초**: 기초의 지반 근입 깊이가 깊고, 상부구조물의 하중을 말뚝 등에 의해 깊은 지지층으로 전달하는 기초형식

예제

기초판의 형식에 따른 분류에 속하지 않는 것은?   제15회

① 독립기초   ② 복합기초
③ 직접기초   ④ 연속기초
⑤ 온통기초

해설
③ 직접기초는 지정형식에 의한 분류에 속한다.

▶ 정답 ③

---

5 콘크리트 관련 주요 내용

1. 콘크리트 재료

(1) 시멘트

시멘트는 물을 부어 이기면 화학적으로 변화해 아주 단단하게 굳는 성질이 있다. 골재 및 물과 혼합하여 콘크리트를 형성하는 교착제로 사용되며, 일반적으로 포틀랜드 시멘트를 가리킨다.

① **분말도**

시멘트 1g이 가지는 비표면적(比表面積)이나 표준체 $44\mu m$에 의하여 잔류되는 비율로 나타내고, 브레인값은 cm^2/g으로 표시된다. 시멘트 성분이 일정할 경우 분말이 미세할수록 수화작용이 빠르고 초기강도의 발생이 빠르며 강도증진율이 높다. 그러나 지나치게 분말이 미세한 것은 풍화되기 쉽고 건조수축이 커서 균열발생이 쉽다.

참고

📖 **시멘트 수화열**: 응결, 경화를 촉진하나 건조·수축도 생긴다.
📖 **분말도가 크면(입도가 작으면)**
1. 시공연도가 좋고, 수밀한 콘크리트 가능하다.
2. 비표면적이 크다.
3. 수화작용이 빠르다.
4. 발열량이 커지고, 초기 강도가 크다.
5. 균열발생이 크고, 풍화가 쉽다.
6. 장기 강도는 저하된다.

---

② **수화열**

시멘트의 수화반응 또는 발열반응에서의 발생열을 말하며, 시멘트가 응결·경화하는 과정에서 발열한다. 이 발열량은 시멘트의 종류, 화학조성, 물·시멘트비, 분말도 등에 의해 달라지며 시멘트가 물과 완전히 반응하면 125cal/g 정도의 열을 발생한다.

③ **응결과 경화**

시멘트의 수화반응에 따라서 일어나는 물리적, 화학적 현상으로 시멘트풀이 시간이 경과함에 따라 수화에 의하여 유동성과 점성을 상실하고 고화(固化)하는 현상을 응결이라 하고 이 과정 이후를 경화라 한다.

(2) 물

청정한 수돗물이나 우물물 사용한다.

　🔺 해수(海水) : 철근을 부식시킴

(3) 골 재

① **잔골재** : 5mm 체에 전부(대부분) 통과한 것

② **굵은 골재** : 5mm 체에 전부(대부분) 잔류한 것

③ **골재의 조건**

　㉠ 강도가 커야 한다.

　㉡ 유해물이 섞이지 않아야 한다.

　㉢ 표면이 거칠고 구형에 가까운 것이 좋다.

　㉣ 청정, 경건해야 한다.

　㉤ 연속 입도 분포로 실적률이 커야 한다.

> **참고**
>
> 📖 **실적률 클 때(공극률이 작을 때)**
>
> 1. 시멘트풀(Cement Paste)량을 감소시킨다.
> 2. 단위수량을 감소시킨다.
> 3. 수화발열량을 감소시킨다.
> 4. 건조수축을 감소시킨다.
> 5. 콘크리트의 수밀성이 커진다.
> 6. 콘크리트의 내구성 및 강도가 증가한다.

(4) 혼화재료

혼화재(混和材, Mineral Admixture)	① 그 사용량이 비교적 많아서 그 자체의 부피가 콘크리트 배합의 계산에 관계되는 것 ② 플라이애쉬, 고로슬래그 미분말, 실리카퓸, 팽창재, 규산질 미분말, 고강도용 혼화재 등이 있다. ③ 이 혼화재 중에서 플라이애쉬, 고로슬래그 미분말, 실리카퓸 등은 시멘트와 더불어 결합재(Cementitious Material)라고 분류하기도 한다.
혼화제(混和劑, Chemical Admixture)	① 그 사용량이 비교적 적어서 그 자체의 부피가 콘크리트의 배합의 계산에 무시되는 것 ② AE제, 감수제 및 AE감수제 등의 주로 화학제품으로써 콘크리트의 여러 성능 향상을 위하여 사용되는 재료이다.

2. 물·결합재(시멘트)비(W/C)

물의 중량과 시멘트의 중량에 대한 비율로 강도와 밀접한 관련이 있다.

> 물·시멘트비 ↑ ⇨ 콘크리트 강도 ↓
> (건조속도 ↑)

3. 중성화

(1) 중성화의 정의

콘크리트의 알칼리성 상실과정으로 철근이 녹슬게 되고 내력과 내구성을 상실하게 된다.

(2) 중성화의 원리 및 판별 방법

① $Ca(OH)_2 + CO_2 \Rightarrow CaCO_3 + H_2O$

② 공시체의 파단면에 1% 페놀프탈레인 용액을 분무하여 변색의 여부를 관찰하여 판단한다.

③ **페놀프탈레인의 제조 방법**: 95% 에탄올(Ethanol) 90cc에 페놀프탈레인 1g을 용해시킨 후 증류수를 첨가하여 100cc를 만든다.

4. 균열의 시기에 따른 분류

경화 전 콘크리트의 균열	① 소성수축 균열 ② 소성침하 균열 ③ 수화열에 의한 온도균열
경화 후 콘크리트 균열	① 건조수축 균열 ② 알칼리 골재반응에 의한 균열 ③ 동결융해에 의한 균열 ④ 염해에 의한 균열

예제

철근콘크리트구조물의 내구성을 저하시키는 주요 원인을 모두 고른 것은? 제19회

㉠ 콘크리트의 중성화	㉡ 알칼리 골재반응
㉢ 화학적 침식	㉣ 동결융해

① ㉠, ㉡   ② ㉢, ㉣

③ ㉠, ㉡, ㉢   ④ ㉡, ㉢, ㉣

⑤ ㉠, ㉡, ㉢, ㉣

해설
⑤ 철근콘크리트구조물의 내구성을 저하시키는 주요 원인에는 콘크리트의 중성화, 알칼리 골재반응, 화학적 침식, 동결융해 등이 있다.

▶ 정답 ⑤

6 철골구조

1. 장·단점

(1) 장 점

① 강재는 재질이 균등하다.

② 철골구조는 강도가 커서 부재 단면을 작게 할 수 있어 철근콘크리트구조보다 건물 중량을 가볍게 할 수 있다.

③ 인성이 커서 상당한 변위에 대하여 저항성이 크다.

④ 긴 스팬의 구조물이나 고층 구조물에 적합하다.

⑤ 기상조건과 관계없이 정밀도가 높은 구조물을 얻을 수 있다.

⑥ 시공성이 좋아 공기 단축할 수 있다

(2) 단 점

① 단면에 비하여 부재 길이가 비교적 길고 두께가 얇아 좌굴하기 쉽다.

② 열에 대하여 약하며 고온에서 강도의 저하, 변형하기 쉽다.

③ 강재는 녹이 슬기 쉽기 때문에 방청처리가 필요하다.

2. 철골부재의 접합

접합부의 설계는 설계강도가 소요강도보다 크도록 설계하여야 하며, 설계법은 작용응력이 작은 곳에 접합부를 설치하여 접합부에 큰 응력이 걸리지 않도록 한다.

(1) 리벳접합

리벳접합은 볼트나 너트 대신에 800~1,000℃ 정도로 달군 리벳을 리벳햄머 등으로 쳐서 붙이는 접합방법이다.

(2) 보통볼트접합

보통볼트접합은 볼트의 전단력과 볼트와 접합재와의 지압에 의해 힘을 전달하는 방법이다. 일반볼트접합은 가설건축물 등에 제한적으로 사용되며, 높은 강성이 요구되는 주요 구조부분에는 사용하지 않는다.

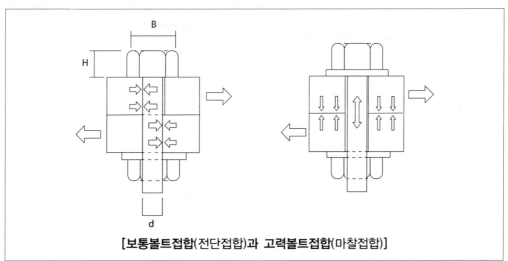

[보통볼트접합(전단접합)과 고력볼트접합(마찰접합)]

(3) 고력볼트접합

고력볼트접합은 고장력의 볼트를 사용하여 접합할 강재를 강하게 조이는 힘에 의해 생기는 마찰력에 의해 접합하는 방식이다.

(4) 용접접합의 장·단점

장 점	단 점
① 구멍에 의한 부재단면의 결손이 없다.	① 용접공의 기량에 대한 의존도가 높다.
② 용접에 의한 돌출부가 적다.	② 접합부의 검사에 고도의 기술이 요구된다.
③ 첨판 등의 부자재를 사용하지 않는다.	③ 용접시 열에 의한 변형이나 응력이 생긴다.
④ 소음이 생기지 않는다.	④ 용접부의 취성파괴가 우려된다.
⑤ 접합두께의 제한이 없다.	

예제

철골구조에 관한 설명으로 옳지 않은 것은? 제17회

① 강재는 균질도가 높고 철근콘크리트구조보다 강도가 커서 건물의 중량을 가볍게 할 수 있다.

② 공법이 자유롭고 큰 부재를 사용할 수 있어 스팬이 큰 구조물을 축조할 수 있다.

③ 내화적 구조로 설계 및 시공시 내화피복에 대한 대비가 필요 없다.

④ 콘크리트는 인성이 작지만 철골구조의 강재는 인성이 크다.

⑤ 철골구조는 일반적으로 부재단면에 비하여 길이가 길어 좌굴되기 쉽다.

해설

③ 내화적 구조로 설계 및 시공시 철골은 불연재이지만 500℃ 정도에서 강도가 1/2로 줄기 때문에 내화적이지 않아 내화피복에 대한 대비가 필요하다.

▶ 정답 ③

7 방수공사

1. 멤브레인 방수

(1) 아스팔트 방수

용융 아스팔트를 접착제로 하여 아스팔트 펠트 및 루핑 등 방수 시트를 적층하여 연속적인 방수층을 형성하는 공법

🔺 아스팔트 방수는 결함부 발견이 어렵고, 작업시 악취가 발생한다.

① 아스팔트 프라이머(바탕면과 아스팔트와의 부착력 증대)를 솔칠 또는 뿜칠

② 용융 아스팔트는 접착력 저하방지를 위하여 200℃ 이하가 되지 않도록 한다.

🔺 옥상방수용 아스팔트는 침입도가 크고(20~30), 연화점이 높은 것(75℃ 이상)을 사용한다.

스트레이트 아스팔트	신도, 교착력, 침입도는 우수하나 연화점이 낮다.
블로운 아스팔트	침입도가 작지만 연화점이 높다(침입도 : 한냉지 20~30, 온난지 10~20).
아스팔트 컴파운드	연화점이 높은 블로운 아스팔트의 침입도, 신도를 개량·증가시킨 것

침입도와 연화점
1. 침입도 : 아스팔트의 양·부 판별에 가장 중요. 아스팔트의 경도를 나타낸다.
2. 연화점 : 유리, 플라스틱 아스팔트 등 고형 물질이 부드럽고 무르게 되기 시작하는 온도. 일반적으로 연화점과 침입도는 반비례한다. 추운 지역에선 저연화점 재료, 더운 지역은 고연화점 재료로 사용한다.

③ 볼록, 오목 모서리의 부분은 일반 평면부 루핑을 붙이기 전에 너비 300mm 정도의 스트레치 루핑을 사용하여 균등하게 덧붙임한다.

④ 일반 평면부의 루핑 붙임은 흘려 붙임으로 한다. 또한 루핑의 겹침은 길이 및 너비 방향 100 mm 정도로 하고, 겹침부로부터 삐져나온 아스팔트는 솔 등으로 균등하게 바른다.

⑤ 루핑은 원칙적으로 물흐름을 고려하여 물매의 아래쪽으로부터 위를 향해 붙이고, 또한 상·하층의 겹침 위치가 동일하지 않도록 붙인다. 어쩔 수 없이 물매의 위쪽에서 아래로 붙일 경우에는 루핑의 겹침 폭을 150mm로 한다.

⑥ **지붕 방수층 보호 및 마감**
  ㉠ 신축줄눈은 너비 20mm정도, 간격 3m 내외(단, 난간벽 주위는 0.6m 내외의 적당한 위치)
  ㉡ 깊이는 보호층의 밑면에 닿도록 구획 : 줄눈재의 고정은 빈배합(1 : 3) 시멘트모르타르사용이 원칙

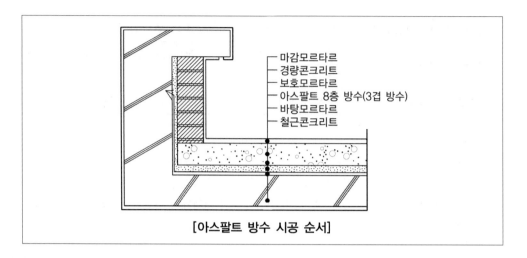

[아스팔트 방수 시공 순서]

(2) 개량아스팔트 시트방수(1~2겹)

① 개량아스팔트 시트의 밑부분을 토치버너로 가열용융시켜, 이를 접착제로 이용하여 시트를 바탕면에 부착하는 공법

② 아스팔트방수와 시트방수의 각 장점만을 취한 아스팔트, 시트방수의 개선공법

> 시공순서〈표준시방서 기준〉
> 바탕면 처리 ⇨ 프라이머 도포 ⇨ 시트 부착[시트 이면과 바탕면을 균일하게 토치로 가열·겹침(폭 : 길이 방향으로 200mm, 너비는 100mm 이상)] ⇨ 보호누름 또는 마감도료 도장(탑 코팅)

(3) 시트방수

시트 1장으로 방수 효과를 내는 공법(접합부의 처리가 중요)으로 시트재료는 신축성이 좋고 강도가 크며, 바탕의 변동에 대한 적응성을 갖춘 합성고무계 플라스틱 시트를 사용한다.

① 상온시공이 용이하다.

② 아스팔트 방수보다 공사기간이 짧다.

③ 바탕돌기에 의한 시트의 손상이 우려된다.

④ 아스팔트 방수보다 신축성이 커서 바탕균열저항성이 크고 경제적이다.

⑤ 열을 사용하지 않는 시공이 가능하다.

(4) 도막방수

방수용으로 제조된 우레탄고무, 아크릴고무, 고무아스팔트 등의 액상형 재료를 소정의 두께가 될 때까지 바탕면에 여러 번 도포하여, 이음매가 없는 연속적인 방수층을 형성하는 공법

① **코팅공법**: 방수제를 단순히 도포만 하는 것
② **라이닝공법**: 보강포를 적층하여 도포하는 것

(5) 시트 및 도막 복합방수

① 방수를 필요로 하는 부위에 시트계 방수재와 도막계 방수재를 적층 복합하여 시공하는 방수공사이다.
② 시트계 재료의 겹침부 수밀 안정성, 도막계 재료의 시공성 개선(두께 확보, 들뜸 방지 등), 방수층의 균열 거동 대응성을 높이기 위한 목적으로 시트재와 도막재를 적층하여 사용하는 방수공사이다.

| 예제 |

건축물의 방수공법에 관한 설명으로 옳지 않은 것은? 　　　　제21회

① 아스팔트방수: 아스팔트 펠트 및 루핑 등을 용융아스팔트로 여러 겹 적층하여 방수층을 형성하는 공법이다.
② 합성고분자 시트방수: 신장력과 내후성, 접착성이 우수하며, 여러 겹 적층하여 방수층을 형성하는 공법이다.
③ 아크릴 고무계 도막방수: 방수제에 포함된 수분의 증발 및 건조에 의해 도막을 형성하는 공법이다.
④ 시트 도막 복합방수: 기존 시트 또는 도막을 이용한 단층 방수공법의 단점을 보완한 복층 방수공법이다.
⑤ 시멘트액체방수: 시공이 용이하며 경제적이지만 방수층 자체에 균열이 생기기 쉽기 때문에 건조수축이 심한 노출환경에서는 사용을 피한다.

해설
② 합성고분자 시트방수는 신장력과 내후성, 접착성이 우수하며, 한 겹으로 방수층을 형성하는 공법이다.
▶ 정답 ②

8 유 리

1. 안전유리

망입유리	① 성형시에 금속제의 망을 유리 내부에 삽입한 판유리이다. ② 화재시에 가열로 인해 파괴되어도 유리 파편이 금속망에 그대로 붙어 있어 떨어지지 않으므로 화염이나 불꽃을 차단하는 방화성이 우수하다. ③ 소화전, 방화구획, 방화문의 유리 등 화재시 연소의 방지가 요구되는 곳에 사용된다.
접합유리	① 2장 이상의 판유리 사이에 접합 필름인 합성수지막을 삽입하여 가열 압착한 안전유리이다. ② 충격 흡수력이 강하고, 파손시 유리 파편의 비산을 방지한다.
강화유리	일반 서냉유리를 연화점 이상으로 재가열한 후 찬 공기로 급속히 냉각하여 제조하며 파편상태가 작은 팥알조각 모양으로 일반유리의 3~5배 정도의 강도를 가는 유리이다.
배강도유리	플로트판유리를 연화점 부근(약 700℃)까지 가열 후 양 표면에 냉각 공기를 흡착시켜 유리의 표면에 20 이상 60 이하(N/mm^2)의 압축응력층을 갖도록 한 가공유리, 내풍압 강도, 열깨짐 강도 등은 동일한 두께의 플로트판유리의 2배 이상의 성능을 가진다. 그러나 제품의 절단은 불가능하다. 고층빌딩에 유리로 사용한다.

2. 에너지 절약형유리

열선흡수 판유리	태양광의 적외선 성분 및 가시광선 일부가 흡수되도록 하기 위해 원료의 투입과정에서 금속산화물이 배합된 원료를 첨가하여 착색한 판유리이다.
열선반사유리	① 판유리의 한쪽 면에 금속·금속산화물인 열선 반사막을 표면 코팅하여 얇은 막을 형성함으로써 태양열의 반사 성능을 높인 유리이다. ② 실내에서는 밖을 볼 수 있지만 외부에서는 실내가 안보이고 거울처럼 보인다. ③ 거울효과로 주위 경관이 광선조건 및 시각에 따라 다양하게 투영된다.

Low-E유리	① 일반유리의 표면에 장파장 적외선 반사율이 높은 금속(일반적으로 은)을 코팅시킨 것으로 어느 계절이나 실내·외 열의 이동을 극소화시켜 주는 에너지 절약형유리이다. ② 열적외선(Infrared)을 반사하는 은소재 도막으로 코팅하여 방사율과 열관류율을 낮추고 가시광선 투과율을 높인 유리로서 일반적으로 복층유리로 제조하여 사용한다.
복층유리	단열 및 소음 차단

[시설개론]

[예제]

유리의 종류에 관한 설명으로 옳지 않은 것은? 제27회

① 강화유리는 판유리를 연화점 이상으로 가열 후 서서히 냉각시켜 열처리한 유리이다.
② 로이유리는 가시광선 투과율을 높인 에너지 절약형유리이다.
③ 배강도 유리는 절단이 불가능하다.
④ 유리블록은 보온, 채광, 의장 등의 효과가 있다.
⑤ 접합유리는 파손시 유리파편의 비산을 방지할 수 있다.

[해설]
① 강화유리는 판유리를 연화점 이상으로 가열 후 빠르게 냉각시켜 열처리한 유리이다.

▶ 정답 ①

9 미장공사

재 료	수경성 : 모르타르, 석고성 플라스터 등 ① 경화가 빠르다. ② 시공이 불편하다. ③ 강도가 크다.	기경성 : 흙질, 회반죽 바름, 돌로마이트 플라스터 등 ① 경화가 늦다. ② 시공이 용이하다. ③ 강도가 작다.

1. 용어 정리

(1) 결합재

시멘트, 플라스터, 소석회, 벽토, 합성수지 등으로서 잔골재, 종석, 흙, 섬유 등 다른 미장재료를 결합하여 경화시키는 것

(2) 고름질

바름두께 또는 마감두께가 두꺼울 때 혹은 요철이 심할 때 초벌바름 위에 발라 붙여주는 것 또는 그 바름층

(3) 덧먹임

바르기의 접합부 또는 균열의 틈새, 구멍 등에 반죽된 재료를 밀어 넣어 때워주는 것

(4) 라스먹임

메탈 라스, 와이어 라스 등의 바탕에 모르타르 등을 최초로 발라 붙이는 것

(5) 마감두께

바름층 전체의 두께를 말함. 라스 또는 졸대 바탕일 때는 바탕 먹임의 두께를 제외

(6) 미장두께

각 미장층별 발라 붙인 면적의 평균 바름두께

(7) 손질바름

콘크리트, 콘크리트 블록 바탕에서 초벌바름하기 전에 마감두께를 균등하게 할 목적으로 모르타르 등으로 미리 요철을 조정하는 것

2. 시멘트 모르타르 바름

(1) 바름공정

> 바탕조정 ⇨ 초벌바름 ⇨ 고름질 ⇨ 재벌바름 ⇨ 정벌(마감)바름 ⇨ 마감부처리

(2) 바름두께

마무리두께는 공사시방서에 따른다. 다만, 천장·차양은 15mm 이하, 기타는 15mm 이상으로 한다. 바름두께는 바탕의 표면부터 측정하는 것으로써, 라스 먹임의 바름두께를 포함하지 않는다.

(3) 미장바름 총두께 순서

> 바닥 = 외벽(24mm) > 내벽(18mm) > 천장(15mm)

예제

다음 중 수경성 미장재료로 옳은 것을 모두 고른 것은?   제20회

㉠ 돌로마이트 플라스터	㉡ 순석고 플라스터
㉢ 경석고 플라스터	㉣ 소석회
㉤ 시멘트 모르타르	

① ㉠, ㉡, ㉢   ② ㉠, ㉡, ㉣
③ ㉠, ㉡, ㉤   ④ ㉡, ㉢, ㉤
⑤ ㉢, ㉣, ㉤

해설
④ 수경성 재료는 시멘트 모르타르, 순석고 플라스터, 경석고 플라스터 등이 있고, 기경성 재료에는 돌로마이트 플라스터, 회반죽(소석회)바름 등이 있다.

▶ 정답 ④

---

10 타일공사 기초

1. 타일의 종류

종 류	소성온도	소 지		투명정도	건축재료
		흡수율	색		
토기(土器)	700 ~ 900℃	20% 이상	유색	불투명	기와, 벽돌, 토관
도기(陶器)	1,000 ~ 1,300℃	15 ~ 20%	백색/유색	불투명	타일, 테라코타 타일
석기(石器)	1,300 ~ 1,400℃	8% 이하	유색	불투명	바닥 타일, 클링커 타일
자기(磁器)	1,300 ~ 1,450℃	0 ~ 1%	백색	반투명	타일, 위생도기

2. 붙임공법의 종류

공 법	내 용
떠붙이기	가장 기본적인 공법으로 타일 뒷면에 붙임 모르타르를 바르고 빈틈이 생기지 않게 콘크리트 바탕에 눌러 붙이는 방법으로 백화가 발생하기 쉽기 때문에 외장용으로는 사용하지 않는 것이 좋다.
개량 떠붙이기	기존 떠붙이기 공법의 단점을 보완한 것으로 평탄한 바탕 모르타르를 먼저 조성한 후 타일 뒷면 전체에 붙임 모르타르를 얇게 발라서 시공한다.
압착공법	평탄하게 마무리한 바탕 모르타르면에 붙임 모르타르를 바르고, 나무망치 등으로 타일을 두들겨 붙이는 방법이다.
개량압착공법	먼저 시공된 모르타르 바탕면에 붙임 모르타르를 도포하고, 모르타르가 부드러운 경우에 타일 속면에도 같은 모르타르를 도포하여 벽 또는 바닥 타일을 붙이는 공법이다. 🔺 타일의 탈락(박락)은 압착공법에서 가장 많이 발생하며 모르타르의 시간경과로 인한 강도저하가 주요 원인이다.
밀착공법 (동시줄눈공법)	붙임 모르타르를 바탕면에 도포하여 모르타르가 부드러운 경우에 타일 붙임용 진동공구를 이용하여 타일에 진동을 주어 매입에 의해 벽타일을 붙이는 공법으로 솟아오르는 모르타르로 줄눈 부분을 시공하는 공법이다.

예제

다음에서 설명하는 타일붙임공법은?   제23회

> 전용 전동공구(Vibrator)를 사용해 타일을 눌러 붙여 면을 고르고, 줄눈 부분의 배어나온
> 모르타르(Mortar)를 줄눈봉으로 눌러서 마감하는 공법

① 밀착공법   ② 떠붙임공법   ③ 접착제공법
④ 개량압착붙임공법   ⑤ 개량떠붙임공법

해설

① 밀착공법이란 동시줄눈공법이라 하며 붙임 모르타르를 바탕면에 도포하여 모르타르가 부드러운 경우에 타
  일 붙임용 진동공구를 이용하여 타일에 진동을 주어 매입에 의해 벽타일을 붙이는 공법으로 솟아오르는
  모르타르로 줄눈 부분을 시공하는 공법이다.

▶ 정답 ①

11 도장공사 관련 용어 정의

① **바탕처리** : 바탕에 대해서 도장에 적절하도록 행하는 처리. 즉, 하도를 칠하기 전
  바탕에 묻어 있는 기름, 녹, 흠을 제거하는 처리 작업

② **하도**(프라이머) : 물체의 바탕에 직접 칠하는 것. 바탕의 빠른 흡수나 녹의 발생을
  방지하고, 바탕에 대한 도막층의 부착성을 증가시키기 위해서 사용하는 도료

③ **중도** : 하도와 상도의 중간층으로서 중도용의 도료를 칠하는 것, 하도 도막의 상도
  도막 사이의 부착성의 증강, 조합 도막층 두께의 증가, 평면 또는 입체성의 개선
  등을 위해서 한다.

④ **상도** : 마무리로서 도장하는 작업 또는 그 작업에 의해 생긴 도장면

⑤ **가사시간**(Pot life, Pot Stability) : 다액형 이상의 도료에서 사용하기 위해 혼합했
  을 때 겔화, 경화 등이 일어나지 않고 작업이 가능한 시간

⑥ **건조시간**(Drying Time) : 도료가 건조하는 때에 따라 필요한 시간, 가열 건조에서
  는 가열 장치에 넣고부터 건조 상태로 될 때까지의 시간

⑦ **도막두께** : 건조 경화한 후의 도막의 두께

⑧ **바니시**(Varnish) : 수지 등을 용제에 녹여서 만든 안료가 함유되지 않은 도료의 총
  칭. 도막은 대개 투명하다.

⑨ **조색** : 몇 가지 색의 도료를 혼합해서 얻어지는 도막의 색이 희망하는 색이 되도록
  하는 작업

⑩ **희석제** : 도료의 유동성을 증가시키기 위해서 사용하는 휘발성의 액체

12 적산개요

(1) 적산과 견적

건축공사에서 적산은 공사원가를 계산하는데 필요한 공사용 재료 및 품의 수량. 즉, 공사수량을 산출하는 기술활동이고, 견적은 공사량수에 단가를 곱하여 공사비를 산출하는 기술활동이다.

① **개산견적**: 건물의 용도. 구조마무리의 정도를 충분히 검토하고 과거의 비등한 건물의 실적통계 등을 참고로 하여 공사비를 개략적으로 산출하는 방법이다.

② **명세견적**: 완성된 설계도서, 현장설명, 질의응답에 의거하여 정밀한 적산, 견적을 하여 공사비를 산출하는 것으로 정밀견적이라고도 한다.

총공사비	총원가	공사원가	직접공사비	재료비
				노무비
				외주비
				경비
			간접공사비	현장경비
		일반관리비부담금		
	이윤			

(2) 소요수량 = 정미수량 + 정미수량 × 할증률

할증률	종 류
1%	유리
2%	도료
3%	이형철근, 고장력볼트, 일반용 합판, 붉은 벽돌, 타일(모자이크, 도기, 자기), 테라코타, 슬레이트
4%	블록
5%	원형철근, 일반볼트, 리벳, 수장용 합판, 시멘트 벽돌, 아스팔트 타일, 리놀륨 타일, 강관, 동관, 목재(각재), 기와
7%	대형 형강
10%	강판, 목재(판재), 단열재

참고

📖 **재료의 일반적인 추정 단위중량(kg/m³)** 제24회

1. 철근콘크리트 : 2,400
2. 보통 콘크리트 : 2,300
3. 시멘트 모르타르 : 2,100
4. 시멘트(자연상태) : 1,500
5. 물 : 1,000

예제

건축적산시 타일의 할증률로 옳지 않은 것은?   제15회

① 자기타일 : 5%
② 도기타일 : 3%
③ 리놀륨타일 : 5%
④ 모자이크타일 : 3%
⑤ 아스팔트타일 : 5%

해설
① 자기타일의 할증률은 3%이다.

▶ 정답 ①

🔑 민법 과목 소개

민법은 사람이 사회생활을 하는 데 일반적으로 적용되는 법을 말한다. 주택관리사의 업무에는 대규모 공동주택의 입주민 사이에서 발생할 수 있는 여러 가지 법률문제를 중재자(仲裁者)의 입장에서 공정하고 합리적이며 신속하게 해결할 수 있는 역량이 필요하다. 따라서 민법은 대규모 공동주택에서 발생할 수 있는 여러 가지 복잡하고 난해한 법률문제를 전문적 지식을 가지고 해결하기 위해서 학습해야 할 필수 과목이다.

🔑 민법 출제 분석

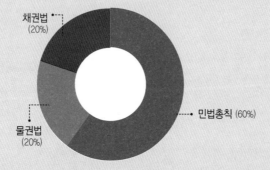

채권법
(20%)

민법총칙 (60%)

물권법
(20%)

03 과목

민법

민법의 의의

단원열기

❶ 민법의 의의와 지위 이해하기
❷ 민법의 기본원칙 알아두기
❸ 민법상 권리의 의의와 종류를 이해하기

1 민법의 의의(意義)

(1) 민법(民法)이란 일반적인 국민들에게 적용되는 법을 의미한다. 즉, 개인과 개인 상호 간의 법적 분쟁에 대하여 적용되는 법을 의미한다.

(2) 민법은 궁극적으로 국민의 권리와 의무를 규정하고 있는 법을 말한다. 통상적으로 권리에는 의무가 포함되어 있고 민법은 국민의 권리를 규정하고 있는 법을 의미한다.

2 민법의 법체계적 지위(법에서 민법이 차지하는 지위)

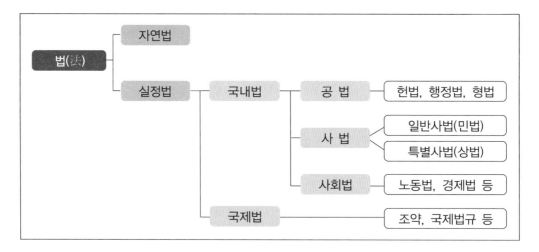

(1) 민법은 사법(私法)이다.

① 민법을 공법(公法)과 사법(私法)으로 구별할 때 민법은 사법에 속한다.

② 공법과 사법을 구별하는 이유는 법적 분쟁에 관하여 공법을 적용할 것인지, 아니면 사법을 적용할 것인지를 구별하기 위해서이다.

　　㉠ 예를 들면 개인과 개인 간의 분쟁에 관하여는 당연히 사법인 민법을 적용하여야 한다.

　　㉡ 그런데 국가와 개인 간의 분쟁에 관하여서는 민법인 사법을 적용할 것인지 아니면 공법을 적용할 지의 여부가 문제가 된다.

　　　ⓐ 국가가 공권력의 행사로써 개인(국민)과 법률관계를 맺은 경우라면 공법을 적용시키는 것이 원칙이다.

　　　ⓑ 그러나, 국가 또는 지방자치단체라 할지라도 공권력의 행사가 아니고 단순한 사경제의 주체로 활동하였을 경우에는 공법을 적용할 수 없고, 사법인 민법의 규정을 적용하여야 한다.

> **판례**
>
> 국가 또는 지방자치단체라 할지라도 공권력의 행사가 아니고 단순한 사경제의 주체로 활동하였을 경우에는 그 손해배상책임에 국가배상법이 적용될 수 없고 민법상의 사용자책임 등이 인정되는 것이고 국가의 철도운행사업은 국가가 공권력의 행사로서 하는 것이 아니고 사경제적 작용이라 할 것이므로, 이로 인한 사고에 공무원이 관여하였다고 하더라도 국가배상법을 적용할 것이 아니고 일반 민법의 규정에 따라야 한다(대판 1997.7.22, 95다6991).

(2) 민법은 일반사법(一般私法)이다.

① 사람이나 어떤 사항에 특별한 제한 없이 일반적으로 적용되는 법규인 일반사법과 특정한 사람에게 또는 특정한 사항에 관해서만 적용되는 법규인 특별사법(「상법」, 「어음·수표법」, 「해상보험법」 등)으로 구별할 때 「민법」은 일반사법에 해당한다.

② 주의할 것은 「집합건물의 소유 및 관리에 관한 법률」, 「부동산 실권리자명의 등기에 관한 법률」, 「주택임대차보호법」, 「상가건물 임대차보호법」, 「가등기담보 등에 관한 법률」 등은 특별사법이 아닌 특별민사법으로서 「민법」에 속한다.

(3) 민법은 실체법(實體法)이다.

법에서 국민의 권리와 의무를 직접 규정하고 있으면 실체법으로 분류하고, 그 권리와 의무를 보장하고 보호하기 위하여 실현하고 공시하는 방법을 규정하고 있으면 절차법이라고 한다. 이런 점에서 민법은 국민의 권리와 의무를 직접 규정하고 있으므로 실체법에 속한다. 이에 비하여 민사소송법은 국민의 권리가 침해된 경우 그 권리를 구제하고 보호하기 위한 절차와 방법을 규정하고 있으므로 절차법에 속한다.

3 민법의 기본원칙

(1) 사적자치의 원칙(私的自治의 原則)

> **제105조 【임의규정】** 법률행위의 당사자가 법령 중의 선량한 풍속 기타 사회질서에 관계없는 규정과 다른 의사를 표시한 때에는 그 의사에 의한다.

① **의 의**

　사법상(私法上)의 법률관계는 개인의 자유로운 의사에 따라 자기책임하에서 규율하고, 국가는 이에 간섭하지 않는다는 원칙을 의미한다.

② 사적자치의 원칙은 개인과 개인의 자유로운 의사의 합치(合致)인 계약에서 가장 많이 나타나는 데서 '계약자유의 원칙'이라고도 하며, 또한 계약은 법률행위 가운데서도 가장 중요한 것이므로 '법률행위자유의 원칙'이라고도 한다.

③ 이 사적자치의 원칙은 사람은 누구나 모두 합리적인 판단력을 가지고 있다는 것을 전제로 하고 있으며, 개인의 활동에 있어서 국가가 간섭하지 않고 각자의 자유에 맡겨 두면 사회는 조화 있게 된다는 생각이 그 바탕으로 되어 있다.

④ 사적자치의 원칙이 인정되는 이유는 최소한의 의사능력을 전제로 하여 인정되기 때문이다. 따라서 의사능력이 없는 경우(＝ 의사무능력자의 법률행위)에는 사적자치를 인정할 수 없으므로 의사능력이 없는 자의 법률행위는 무효이다.

⑤ 사적자치의 원칙이 인정되는 결과 "임의규정에 위반하는 당사자의 약정은 유효이다."

⑥ 사람의 법률관계 영역에서 모두 사적자치가 인정되는 것은 아니다. 즉 사람의 법률관계에는 사적자치가 허용되는 영역과 사적자치가 허용되지 않는 영역으로 구분할 수 있다. 따라서 민법 제105조(임의규정)는 사적자치가 허용되는 영역에서만 적용되고, 사적자치가 허용되지 않는 영역(＝ 강행규정이 지배하는 영역)에서는 적용되지 않는다.

⑦ "임의규정에 위반하는 당사자의 약정은 사적자치가 허용되는 결과 유효이다." 그러나 사적자치가 허용되지 않는 분야인 강행규정이 지배하는 영역에서는 "강행규정에 위반하는 당사자의 약정은 무효이다."

⑧ 사적자치의 원칙으로부터 계약자유의 원칙, 소유권 존중의 원칙, 과실책임의 원칙 등이 파생된다.

(2) 계약자유의 원칙

체결의 자유	상대방과 계약을 체결하느냐, 않느냐를 자유롭게 결정할 수 있는 자유
상대방 선택의 자유	누구를 상대방으로 할 것인가를 자유롭게 선택할 수 있는 자유
내용결정의 자유	어떠한 내용으로 계약을 체결할 것인가의 자유(가장 중요)
방식의 자유	그 절차와 방법을 자유롭게 정할 수 있는 자유(민법은 불요식이 원칙임)

(3) 소유권 존중의 원칙

① 이는 물권법의 기본적인 원리로서, 각 개인의 사유재산권에 대한 지배를 인정하고 국가나 다른 개인이 이에 제한을 가하거나 간섭하지 못한다는 원칙을 말한다.

② 다만, 공공복리나 사회질서의 차원에서 제한이 있을 수 있다(예 민법 제212조 이하와 각종 공법상 제한).

(4) 과실책임의 원칙(자기책임의 원칙)

① '과실책임의 원칙'이란 자기의 고의 또는 과실에 대해서만 책임을 진다는 의미에서 '자기책임의 원칙'이라고도 한다.

② 민법은 고의 또는 과실에 의한 책임을 구별하지 않고 동등하게 취급한다.

③ 과실의 원칙적인 모습은 "선량한 관리자의 주의"를 게을리 함을 의미한다. 추상적 과실이라고도 한다. 선관주의의무 위반이 있었는지 여부는 객관적 · 정형적 기준에 의하여 판단한다.

④ 과실의 예외적인 경우

　㉠ 법률은 일정한 경우에 중대한 과실에 대하여 책임을 지우기도 한다.

　　ⓐ 중대한 과실이란 거래상 요구되는 주의의무를 현저하게 위반한 경우를 의미한다.

　　ⓑ 예를 들면 법인의 불법행위책임에서 상대방이 대표자의 직무가 직무에 해당하지 아니함을 상대방이 알았거나 중대한 과실로 인하여 알지 못한 경우에는 법인에게 손해배상책임을 물을 수 없다고 한다.

　㉡ 주의의무를 경감하여 '자기 자신의 사무에 대하여 베푸는 주의'에 대해서만 책임을 지는 경우도 있다.

　　ⓐ 친권자의 주의의무, 상속인의 주의의무, 무상수치인의 주의의무가 그 예이다.

　　ⓑ 구체적 경과실이라고도 한다.

⑤ 무과실책임을 지는 경우(과실책임의 수정원리)

「민법」상 무과실책임	• 법인의 불법행위에서 법인의 책임 • 법정대리인의 복대리인에 대한 책임 • 표현대리에서 본인의 책임 • 무권대리에서 상대방에 대한 무권대리인의 책임 • 매도인의 매수인에 대한 담보책임 • 공작물 소유자의 피해자에 대한 손해배상책임

제35조【법인의 불법행위능력】 ① 법인은 이사 기타 대표자가 그 직무에 관하여 타인에게 가한 손해를 배상할 책임이 있다. 이사 기타 대표자는 이로 인하여 자기의 손해배상책임을 면하지 못한다.

제126조【권한을 넘은 표현대리】 대리인이 그 권한 외의 법률행위를 한 경우에 제삼자가 그 권한이 있다고 믿을 만한 정당한 이유가 있는 때에는 본인은 그 행위에 대하여 책임이 있다.

제750조【불법행위의 내용】 고의 또는 과실로 인한 위법행위로 타인에게 손해를 가한 자는 그 손해를 배상할 책임이 있다.

제753조【미성년자의 책임능력】 미성년자가 타인에게 손해를 가한 경우에 그 행위의 책임을 변식할 지능이 없는 때에는 배상의 책임이 없다.

제754조【심신상실자의 책임능력】 심신상실 중에 타인에게 손해를 가한 자는 배상의 책임이 없다. 그러나 고의 또는 과실로 인하여 심신상실을 초래한 때에는 그러하지 아니하다.

제755조【감독자의 책임】 ① 다른 자에게 손해를 가한 사람이 제753조 또는 제754조에 따라 책임이 없는 경우에는 그를 감독할 법정의무가 있는 자가 그 손해를 배상할 책임이 있다. 다만, 감독의무를 게을리하지 아니한 경우에는 그러하지 아니하다.
② 감독의무자를 갈음하여 제753조 또는 제754조에 따라 책임이 없는 사람을 감독하는 자도 제1항의 책임이 있다.

제756조【사용자의 배상책임】 ① 타인을 사용하여 어느 사무에 종사하게 한 자는 피용자가 그 사무집행에 관하여 제삼자에게 가한 손해를 배상할 책임이 있다. 그러나 사용자가 피용자의 선임 및 그 사무감독에 상당한 주의를 한 때 또는 상당한 주의를 하여도 손해가 있을 경우에는 그러하지 아니하다.

제758조【공작물 등의 점유자, 소유자의 책임】 ① 공작물의 설치 또는 보존의 하자로 인하여 타인에게 손해를 가한 때에는 공작물점유자가 손해를 배상할 책임이 있다. 그러나 점유자가 손해의 방지에 필요한 주의를 해태하지 아니한 때에는 그 소유자가 손해를 배상할 책임이 있다.
② 전항의 규정은 수목의 재식 또는 보존에 하자있는 경우에 준용한다.
③ 전2항의 경우에 점유자 또는 소유자는 그 손해의 원인에 대한 책임있는 자에 대하여 구상권을 행사할 수 있다.

제759조【동물의 점유자의 책임】 ① 동물의 점유자는 그 동물이 타인에게 가한 손해를 배상할 책임이 있다. 그러나 동물의 종류와 성질에 따라 그 보관에 상당한 주의를 해태하지 아니한 때에는 그러하지 아니하다.

예제

甲이 자신의 과실 없음을 스스로 증명하여 불법행위책임을 면할 수 있는 경우를 모두 고른 것은?
(다툼이 있으면 판례에 따름)   제24회

> ㉠ 甲의 보호·감독을 받는 심신상실자가 매장에서 물건을 파손하여 타인에게 손해를 입힌 경우
> ㉡ 피자집 사장 甲의 종업원이 배달 중 행인에게 손해를 입힌 경우
> ㉢ 甲이 소유한 공작물에 대한 보존의 하자로 인하여 공작물의 임차인이 손해를 입은 경우

① ㉠   ② ㉢   ③ ㉠, ㉡   ④ ㉡, ㉢   ⑤ ㉠, ㉡, ㉢

해설
③ 자신의 과실 없음을 스스로 증명하여 불법행위책임을 면할 수 있는 경우는 과실책임을 물어보는 지문이다.
㉠ 제775조의 감독자의 책임은 과실책임이다. ㉡ 제756조의 사용자배상책임 역시 과실책임의 유형이다. 그러나 ㉢ 공작물의 소유자의 책임은 무과실책임이다.

▶ **정답** ③

4 신의성실의 원칙

> **제2조【신의성실】** ① 권리의 행사와 의무의 이행은 신의에 좇아 성실히 하여야 한다.
> ② 권리는 남용하지 못한다.

(1) 의 의

'신의성실의 원칙(신의칙)'은 법률관계의 당사자는 상대방의 이익을 배려하여 형평에 어긋나거나 신뢰를 저버리는 내용 또는 방법으로 권리를 행사하거나 의무를 이행하여서는 아니 된다는 것을 의미한다.

(2) 성 격

① **강행규정성**: 판례는 신의성실의 원칙을 강행규정으로 이해하여 당사자의 주장이 없더라도 법원이 직권으로 고려할 수 있다고 한다.

② **보충성**
   ㉠ 신의성실의 원칙은 구체적인 내용이 없는 추상적인 규범이므로 최후의 수단으로 원용되는 보충적인 원칙으로 머물러야 한다.
   ㉡ 따라서 강행규정이 존재한다면 신의성실의 원칙을 적용할 수 없고, 강행규정이 없는 경우에만 신의성실의 원칙을 적용할 수 있다.

> **판례**
>
> 강행규정을 위반한 법률행위를 한 사람이 스스로 그 무효를 주장하는 것이 신의칙에 위배되는 권리의 행사라는 이유로 이를 배척한다면 강행규정의 입법 취지를 몰각시키는 결과가 되므로 그러한 주장은 신의칙에 위배된다고 볼 수 없음이 원칙이다. 다만 신의칙을 적용하기 위한 일반적인 요건을 갖추고 강행규정성에도 불구하고 신의칙을 우선하여 적용할 만한 특별한 사정이 있는 예외적인 경우에는 강행규정을 위반한 법률행위의 무효를 주장하는 것이 신의칙에 위배될 수 있다(대판 2021.11.25, 2019다277157).

③ **신의성실의 원칙의 적용범위**

    ⊙ 신의성실의 원칙은 민법통칙의 규정이므로 민법 전체에 적용될 수 있다. 따라서 재산관계나 가족관계에서도 적용될 수 있다.

    ⓒ 신의성실의 원칙은 사법인 민법에만 적용되는 법원리가 아니라 공법 등의 모든 법영역에 적용되는 법의 일반원칙이다. 따라서 신의성실의 원칙은 항소권과 같은 소송법상의 권리에도 적용될 수 있다.

(3) 기 능

① 신의성실의 원칙은 권리의 발생, 변경, 소멸의 기능을 한다.

② 신의성실의 원칙은 법률행위 해석의 기준이 된다.

③ 신의성실의 원칙은 법적 특별결합관계에 있는 당사자들의 권리와 의무를 보다 구체적으로 확정하는 기능을 한다(신의성실의 원칙의 보충적 기능).

(4) 파생원칙

① **금반언원칙**(모순행위금지의 원칙) : 권리자의 권리행사가 종전의 행위(선행행위)와 모순되는 행위(후행행위)가 있는 경우에 후의 모순되는 권리행사는 허용하지 않는다는 원칙이다.

> **판례**
>
> 본인의 지위를 단독상속한 무권대리인이 본인의 지위에서 상속 전에 행한 무권대리행위의 추인을 거절하는 것은 신의성실의 원칙에 반하여 허용되지 않는다(대판 1994.9.27, 94다20617).

② **실효원칙**

    ⊙ 실효의 원칙 적용요건 : 권리의 불행사 + 상대방의 신뢰

        ▲ 오랜 기간 권리의 불행사라는 사정만으로는 실효의 원칙이 적용되지 않는다.

    ⓒ 재산관계뿐만 아니라 신분관계에도 실효의 원칙이 적용된다.

    ⓒ 형성권, 소유권 등은 소멸시효에 걸리지 않으나, 실효의 대상은 될 수 있다.

> **판례**
>
> 인지청구권은 본인의 일신전속적인 신분관계상의 권리로서 포기할 수도 없으며 포기하
> 였더라도 그 효력이 발생할 수 없는 것이고, 이와 같이 인지청구권의 포기가 허용되지
> 않는 이상 거기에 실효의 법리가 적용될 여지도 없다(대판 2001.11.27, 2001므1353).

③ **사정변경원칙**

　㉠ 법률행위 당시에 양 당사자가 예상하지 못한 현저한 사정의 변경이 있는 경우,
　　후에 법률행위의 내용을 수정하거나 해소할 수 있는 원칙을 의미한다.

　㉡ 민법은 사정변경의 원칙에 대하여 일반적으로는 규정하고 있지 않고, 개별적인
　　규정만 있다(**예** 지료증감청구권, 전세금증감청구권, 차임증감청구권 등).

　㉢ 사정변경을 이유로 계약을 해제하기 위한 요건

　　ⓐ 계약 당시 당사자가 예견할 수 없었던 사정의 변경

　　ⓑ 당사자 모두 책임 없는 사유로 발생

　㉣ "사정"은 객관적 사정만을 의미하고, 개인적·주관적 사정은 해당하지 않는다.

　㉤ "확정채무"에 대한 보증계약은 사정변경의 원칙이 적용되지 않으므로 해지할 수
　　없지만, "불확정채무"에 대한 보증계약은 사정변경의 원칙이 적용되어 해지할
　　수 있다.

> **판례**
>
> 이른바 사정변경으로 인한 계약해제는, 계약 성립 당시 당사자가 예견할 수 없었던 현저
> 한 사정의 변경이 발생하였고 그러한 사정의 변경이 해제권을 취득하는 당사자에게 책
> 임 없는 사유로 생긴 것으로서, 계약내용대로의 구속력을 인정한다면 신의칙에 현저히
> 반하는 결과가 생기는 경우에 계약준수 원칙의 예외로서 인정되는 것이고, 여기에서 말
> 하는 사정이라 함은 계약의 기초가 되었던 객관적인 사정으로서, 일방당사자의 주관적
> 또는 개인적인 사정을 의미하는 것은 아니다. 또한, 계약의 성립에 기초가 되지 아니한
> 사정이 그 후 변경되어 일방당사자가 계약 당시 의도한 계약목적을 달성할 수 없게 됨으
> 로써 손해를 입게 되었다 하더라도 특별한 사정이 없는 한 그 계약내용의 효력을 그대로
> 유지하는 것이 신의칙에 반한다고 볼 수도 없다(대판 2007.3.29, 2004다31302).

④ **권리남용금지원칙**

　㉠ 적용요건

　　ⓐ 객관적으로는 그 권리의 행사 또는 불행사가 사회질서에 위반된다고 볼 수 있
　　　어야 한다.

　　ⓑ 주관적으로 타인을 해할 목적이 필요한가에 대해 다수설은 불필요(있어도 성립
　　　하고, 없어도 성립한다. 따라서 고의나 과실은 권리의 행사나 의무의 이행이 신의
　　　칙에 반한다고 하기 위한 요건이 아니다)하다고 하나, 판례는 대체로 요구한다.

ⓛ 적용효과

ⓐ 권리행사 효과가 부인된다.

ⓑ 권리가 박탈되는 것은 아니다. 그러나 경우에 따라서는 권리가 박탈되는 경우가 있다(예 제924조 친권상실).

ⓒ 권리남용에 해당하여 상대방에게 손해가 발생하면 불법행위가 성립하는 경우가 있다.

> **판례**
>
> 1. 채무자의 소멸시효를 이유로 한 항변권의 행사도 민법의 대원칙인 신의성실의 원칙과 권리남용금지의 원칙의 지배를 받는 것이어서 채권자가 권리를 행사할 수 없는 객관적 장애사유가 있었다면 채무자가 소멸시효완성을 주장하는 것은 신의성실원칙에 반하는 권리남용으로 허용될 수 없다(대판 2013.12.26, 2013다212646).
> 2. 상계권의 행사가 상계제도의 목적이나 기능을 일탈하고 법적으로 보호받을 만한 가치가 없는 경우에는 그 상계권의 행사는 신의칙에 반하거나 상계에 관한 권리를 남용하는 것으로서 허용되지 않는다고 하여야 하고, 상계권의 행사를 제한하는 위와 같은 근거에 비추어 일반적인 권리남용의 경우에 요구되는 주관적 요건을 필요로 하는 것은 아니다(대판 2013.4.11, 2012다105888).

> **예제**

신의성실의 원칙과 그 파생원칙에 관한 설명으로 옳은 것은? (다툼이 있으면 판례에 따름)

제27회

① 권리의 행사와 의무의 이행은 신의에 좇아 성실히 하여야 한다.
② 권리를 남용한 경우 그 권리는 언제나 소멸한다.
③ 신의성실의 원칙에 반하는지의 여부는 법원이 직권으로 판단할 수 없다.
④ 신의성실의 원칙은 사법관계에만 적용되고, 공법관계에는 적용될 여지가 없다.
⑤ 사정변경의 원칙에서 사정은 계약의 기초가 된 일방당사자의 주관적 사정을 의미한다.

> **해설**
> ① 권리의 행사와 의무의 이행은 신의에 좇아 성실히 하여야 한다(제2조 제1항).
> ② 권리를 남용한 경우 원칙적으로 권리행사의 효과가 발생하지 않을 뿐, 권리 그 자체가 소멸하는 것은 아니다. 다만 예외적으로 친권의 남용인 경우에는 권리 그 자체가 부정되거나 소멸하는 경우도 있다.
> ③ 신의성실 또는 권리남용금지 원칙의 적용은 강행규정에 관한 것으로서 당사자의 주장이 없더라도 법원이 그 위반 여부를 직권으로 판단할 수 있다(대판 2023.5.11, 2017다35588 전합).
> ④ 신의성실의 원칙은 사법관계뿐만 아니라 공법관계에서도 적용된다.
> ⑤ 사정이라 함은 계약의 기초가 되었던 객관적인 사정으로서, 일방당사자의 주관적 또는 개인적인 사정을 의미하는 것은 아니다(대판 2007.3.29, 2004다31302).

▶ 정답 ①

---

5 권리의 종류

(1) 권리의 내용에 따른 분류

① **인격권**: 인간이라는 존재로부터 발생하는 생명·신체·명예·정조·성명 등을 독점적으로 향유할 수 있는 권리이다.

② **재산권**: 경제적 가치를 가지는 이익을 내용으로 하는 권리로서 거래의 목적이 될 수 있다.

③ **신분권**: 가족 간의 신분에 따른 생활이익을 내용으로 하는 권리이다.

④ **사원권**: 사단의 구성원이 사원이라는 지위에 기하여 사단에 대하여 가지는 여러 권리를 말한다.

(2) 권리의 작용에 따른 분류

① **지배권**: 권리의 객체를 직접 지배할 수 있는 권리를 말한다.

② **청구권**: 특정인이 다른 특정인에 대하여 일정한 행위를 할 것을 요구할 수 있는 권리이다.

③ **형성권**(形成權)

㉠ 형성권이란 권리자의 일방적 의사표시에 의하여 법률관계의 변동(= 권리의 발생, 변경, 소멸 등)이 일어나게 하는 권리를 의미한다.

㉡ 형성권의 행사에는 원칙적으로 조건이나 기한을 붙일 수 없다.

㉢ 형성권의 행사기간은 소멸시효가 아니라 제척기간의 대상이다.

㉣ 형성권의 종류

ⓐ 일방적 의사표시만으로도 효력이 생기는 형성권

예 동의권, 취소권, 추인권, 계약의 해제권, 해지권, 상계권, 일방예약완결권 등

ⓑ 법원의 판결에 의하여만 효력이 생기는 형성권(= 반드시 재판상 행사하여야 하는 또는 소를 제기하여야 하는 권리)

예 채권자취소권, 입양취소권, 친생부인권, 재판상 이혼권 등

ⓒ 명칭은 ~ 청구권이지만 실질은 형성권에 속하는 권리

예 공유물분할청구권, 지상물매수청구권, 지료증감청구권, 지상권소멸청구권, 전세권소멸청구권, 부속물매수청구권 등

> **참고**
>
> 📖 **표현은 청구권이지만 실질은 형성권인 것**
> 1. 지상권자의 지상물매수청구권
> 2. 지상권소멸청구권
> 3. 지료증감청구권, 전세금증감청구권, 차임증감청구권
> 4. 매매대금감액청구권
> 5. 공유물분할청구권

> **제268조【공유물의 분할청구】** ① 공유자는 공유물의 분할을 청구할 수 있다.
>
> **제283조【지상권자의 갱신청구권, 매수청구권】** ① 지상권이 소멸한 경우에 건물 기타 공작물이나 수목이 현존한 때에는 지상권자는 계약의 갱신을 청구할 수 있다.
> ② 지상권설정자가 계약의 갱신을 원하지 아니하는 때에는 지상권자는 상당한 가액으로 전항의 공작물이나 수목의 매수를 청구할 수 있다.
>
> **제286조【지료증감청구권】** 지료가 토지에 관한 조세 기타 부담의 증감이나 지가의 변동으로 인하여 상당하지 아니하게 된 때에는 당사자는 그 증감을 청구할 수 있다.
>
> **제287조【지상권소멸청구권】** 지상권자가 2년 이상의 지료를 지급하지 아니한 때에는 지상권설정자는 지상권의 소멸을 청구할 수 있다.
>
> **제312조의2【전세금 증감청구권】** 전세금이 목적 부동산에 관한 조세·공과금 기타 부담의 증감이나 경제사정의 변동으로 인하여 상당하지 아니하게 된 때에는 당사자는 장래에 대하여 그 증감을 청구할 수 있다. 그러나 증액의 경우에는 대통령령이 정하는 기준에 따른 비율을 초과하지 못한다.
>
> **제572조【권리의 일부가 타인에게 속한 경우와 매도인의 담보책임】** ① 매매의 목적이 된 권리의 일부가 타인에게 속함으로 인하여 매도인이 그 권리를 취득하여 매수인에게 이전할 수 없는 때에는 매수인은 그 부분의 비율로 대금의 감액을 청구할 수 있다.

④ **항변권(抗辯權)**

　㉠ 항변권이란 상대방의 청구권의 행사에 대하여 급부하기를 거절할 수 있는 권리를 의미한다.

　㉡ 항변권은 상대방의 권리를 소멸시키거나 부정하는 권리가 아니라 상대방의 권리행사의 작용을 일시적 또는 영구적으로 저지할 수 있는 권리를 의미한다.

　㉢ 항변권은 소송에서 권리자의 원용이 없으면 법원에서 직권으로 고려할 수 없다.

　㉣ 종 류

　　ⓐ 연기적 항변권(원칙): 동시이행의 항변권, 보증인의 최고·검색의 항변권

　　ⓑ 영구적 항변권(예외): 상속인의 한정승인의 항변권, 소멸시효완성에 따른 항변권

(3) 기타 분류

① 절대권과 상대권

'절대권'이란 "물권, 인격권 등" 특정의 상대방이 없고 누구에 대해서도 주장할 수 있는 권리를 의미한다. 이에 대하여 '상대권'이란 "채권" 등과 같이 특정인에 대해서만 주장할 수 있는 권리를 말하고, 지배권이란, 권리의 객체를 직접 지배할 수 있는 권리를 말한다.

② 주된 권리와 종된 권리

다른 권리에 의존하는 권리를 '종된 권리'라고 하고, 그 다른 권리를 '주된 권리'라고 한다. 예를 들면 원본채권이 주된 권리이고, 이자채권은 원본채권의 종된 권리에 속한다.

③ 일신전속권과 비전속권

㉠ '비전속권(非專屬權)'이란 타인에게 양도나 상속할 수 있는 권리를 말하며, 또한 타인이 대리나 대위할 수 있는 권리를 의미한다. 대부분의 권리가 여기에 속한다.

㉡ '일신전속권(一身專屬權)'에는 타인에게 양도 또는 상속할 수 없는 '귀속상의 일신전속권'과 타인이 대리나 대위할 수 없는 '행사상의 일신전속권'으로 나뉘어진다.

㉢ 귀속상의 일신전속권과 행사상의 일신전속권은 대개는 일치하지만 반드시 일치하는 것은 아니다. 예를 들면 위자료청구권은 행사상의 일신전속권에는 속하지만 권리자가 행사할 뜻을 표시한 이후에는 상속될 수 있다는 점에서 귀속상의 일신전속권은 아니다.

예제

형성권이 아닌 것은? (다툼이 있으면 판례에 따름)   제27회

① 계약의 해제권   ② 법률행위의 취소권
③ 점유자의 유익비상환청구권   ④ 매매의 일방예약완결권
⑤ 토지임차인의 지상물매수청구권

해설
① 계약 해제권 ② 법률행위의 취소권 ④ 매매의 일방예약완결권 ⑤ 토지임차인의 지상물매수청구권은 형성권에 속한다. 다만 ③ 점유자의 비용상환청구권은 형성권이 아니라 청구권에 해당한다.
▶ 정답 ③

민법의 중요 용어정리

❶ 강행규정과 임의규정의 효력의 차이 구별하기
❷ 유효와 무효의 효과 이해하기
❸ 무효와 취소의 차이 알아두기
❹ 추정과 간주 구별하기

1 강행규정과 임의규정

(1) 강행규정(强行規定)

① 강행규정이란 '법령 중 선량한 풍속 기타 사회질서에 관계있는 규정' 또는 '당사자 의 의사 여하에 불구하고 강제적으로 적용되는 규범'을 말한다.

② 강행규정은 사적자치의 한계를 이룬다.

③ 따라서 강행규정에 위반하는 당사자의 약정은 "무효"이다.

　㉠ 확정적 무효이므로 당사자의 추인에 의하여 유효로 할 수 없다.

　㉡ 절대적 무효이므로 선의의 제3자에게도 무효를 주장할 수 있다.

④ 강행규정은 일반적으로 양 당사자 모두에게 적용되는 것이 원칙이지만, 일방당사 자에게만 적용되는 강행규정도 있다. 이러한 강행규정을 '편면적 강행규정'이라 한다.

> 제289조【강행규정】제280조 내지 제287조의 규정에 위반되는 계약으로 지상권자에게 불 리한 것은 그 효력이 없다.
>
> 제652조【강행규정】제627조, 제628조, 제631조, 제635조, 제638조, 제640조, 제641조, 제643조 내지 제647조의 규정에 위반하는 약정으로 임차인이나 전차인에게 불리한 것은 그 효력이 없다.

⑤ 민법의 규정은 강행규정과 임의규정으로 구분하고, 민법 이외의 공법에서 강행규 정(禁止規定)은 '단속규정(團束規定)과 효력규정(效力規定)'으로 구별할 수 있는데, 단속규정은 그 위반행위를 한 자에게 제재를 가할 뿐 효력은 인정되는데 반하여 (유효), 효력규정은 그 사법상의 효력을 부인한다(무효).

(2) **임의규정**(任意規定)

① 임의규정이란 '법령 중 선량한 풍속 기타 사회질서에 관계없는 규정' 또는 '당사자의 의사에 의하여 그 규정의 적용을 배제할 수 있는 규정'을 말한다.

② 임의규정에 위반하는 당사자의 약정은 유효하다.

③ 임의규정은 법률행위의 해석의 기준이 되며, 당사자의 의사표시의 내용에 부족한 부분이 있는 경우에 이를 보충하는 기능을 갖는다.

> **제105조【임의규정】** 법률행위의 당사자가 법령 중의 선량한 풍속 기타 사회질서에 관계없는 규정과 다른 의사를 표시한 때에는 그 의사에 의한다.

민법

2 절대적 무효와 상대적 무효

(1) 절대적 무효

① '절대적 무효'란 무효의 효과를 법률행위의 당사자 간에 한하지 않고, 그 효과를 누구에게나 주장할 수 있는 경우를 말한다.

② 무효의 원칙적인 모습이다.

③ 의사무능력자의 법률행위, 원시적 불능인 법률행위, 강행규정 위반의 법률행위, 반사회질서의 법률행위(제103조), 불공정한 법률행위(제104조) 등이 그 예이다.

(2) 상대적 무효

① '상대적 무효'란 무효의 효과가 당사자 사이에서는 무효이지만, 거래의 안전을 위하여 특정인(선의의 제3자)에게는 대항할 수 없는 무효를 말한다.

② 무효의 예외적인 모습이다.

③ 비진의표시에서 상대방이 진의 아님을 알았거나 알 수 있었을 경우(제107조 단서), 통정한 허위표시(제108조)가 그 예이다.

> **제103조【반사회질서의 법률행위】** 선량한 풍속 기타 사회질서에 위반한 사항을 내용으로 하는 법률행위는 무효로 한다.
>
> **제104조【불공정한 법률행위】** 당사자의 궁박, 경솔 또는 무경험으로 인하여 현저하게 공정을 잃은 법률행위는 무효로 한다.
>
> **제107조【진의 아닌 의사표시】** ① 의사표시는 표의자가 진의아님을 알고 한 것이라도 그 효력이 있다. 그러나 상대방이 표의자의 진의아님을 알았거나 이를 알 수 있었을 경우에는 무효로 한다.
> ② 전항의 의사표시의 무효는 선의의 제삼자에게 대항하지 못한다.

> **제108조【통정한 허위의 의사표시】** ① 상대방과 통정한 허위의 의사표시는 무효로 한다.
> ② 전항의 의사표시의 무효는 선의의 제삼자에게 대항하지 못한다.

3 유효와 무효

(1) 예를 들면 甲이 자기 소유의 주택을 乙에게 매도하는 계약을 체결하였다고 가정하여 보자. 이 경우 甲과 乙의 매매계약이 유효인 경우와 무효인 경우를 나누어 설명한다.

(2) **甲과 乙의 매매계약이 유효인 경우**

① **이행 전의 모습**: 甲과 乙이 매매계약만 체결하고 乙명의로 소유권이전등기를 하기 전에 계약이 유효인 경우에는 甲은 乙에게 매매대금청구권을 행사할 수 있고, 乙도 甲에게 소유권이전등기청구권을 행사할 수 있다.

② **이행 후의 모습**: 甲과 乙이 매매계약체결 후 甲이 매매대금을 수령하고 乙 앞으로 소유권이전등기가 마쳐진 경우, 유효일 때에는 甲은 매매대금을 취득하게 되고, 乙은 소유권을 취득하게 된다.

③ 즉, 계약이 유효인 경우에는 당사자가 원하는 효력이 발생하므로 이행 전의 모습이라면 이행을 청구할 수 있고, 이행 후의 모습이라면 권리취득의 효과가 발생한다.

(3) **甲과 乙의 매매계약이 무효인 경우**

① **이행 전의 모습**: 甲과 乙이 매매계약만 체결하고 乙명의로 소유권이전등기를 하기 전에 계약이 무효인 경우에는 甲은 乙에게 매매대금청구권을 행사할 수 없고, 乙도 甲에게 소유권이전등기청구권을 행사할 수 없다.

② **이행 후의 모습**: 甲과 乙이 매매계약체결 후 甲이 매매대금을 수령하고 乙 앞으로 소유권이전등기가 마쳐진 경우, 무효일 때에는 甲은 매매대금을 취득하지 못하고, 乙도 소유권을 취득하지 못한다. 따라서 취득한 것이 있다면 부당이득이 되므로 부당이득을 반환하여야 한다.

③ 즉, 계약이 무효인 경우에는 당사자가 원하는 효력이 발생하지 않으므로 이행 전의 모습이라면 이행을 청구할 수 없고, 이행 후의 모습이라면 부당이득의 문제가 발생한다.

4 무효와 취소

(1) **무효의 의의(유효와의 비교)**

① "무효"라 함은 법률행위가 성립한 때부터 법률상 당연히 그 효력이 없는 것으로 확정된 것을 말한다. 예를 들어서 甲소유의 토지를 乙과 매매계약을 체결한 경우,

甲과 乙의 매매계약이 무효라면 당사자가 원하는 법률효과가 발생하지 않는다는 의미이다.

  ㉠ 이 경우 매매대금을 지급하기 전에(이행 전) 무효라면 甲은 乙에게 매매대금의 지급을 청구할 수 없고, 乙도 甲에게 토지소유권이전등기를 청구할 수 없다.

  ㉡ 이 경우 乙이 甲에게 매매대금을 지급한 경우 또는 甲이 乙에게 소유권을 이전등기한 경우(이행 후)라면 乙은 자기 앞으로 이전등기한 甲소유의 토지에 대한 소유권을 취득할 수 없다. 또한 甲도 乙에게서 지급 받은 매매대금을 취득할 수 없다. 따라서 이 경우 법률상 원인 없이 甲은 매매대금을, 乙은 소유권을 취득하였으므로, 부당이득반환의 문제가 발생한다.

② 이에 비하여 "유효"라 함은 당사자가 원하는 법률효과가 효력이 있는 것으로 확정된 것을 의미한다. 위의 사례의 경우에 甲은 매매대금을 취득하는 효과가 발생하고, 乙은 소유권 취득의 효과가 발생한다.

③ 무효는 성립을 전제로 하기 때문에 법률행위의 불성립, 부존재의 경우에는 무효를 전제로 한 일반규정, 즉 법률행위의 일부무효(제137조), 무효행위의 전환(제138조), 무효행위의 추인(제139조)의 규정 등이 적용되지 않는다(적용될 여지가 없다).

(2) 무효의 종류

① 확정적 무효와 유동적 무효

  ㉠ 확정적 무효(원칙) : 법률행위의 무효는 처음부터 확정적인 무효를 말한다.

  ㉡ 유동적 무효

   ⓐ 법률행위 성립 당시에는 무효이나 그 이후에 당사자의 추인이나 관할청의 허가 등에 의하여 행위시에 소급하여 유효가 되는 무효를 유동적 무효라고 한다.

   ⓑ 유동적 무효에 해당하는 것으로는 무권대리, 토지거래허가지역 내에서 허가받을 조건으로 하는 토지매매 등이 있다.

확정적 무효	유동적 무효(불확정적 무효)
1. 의사무능력자의 법률행위 2. 원시적 불능의 법률행위 3. 강행규정 위반의 법률행위 4. 반사회질서 법률행위 5. 불공정한 법률행위 6. 상대방이 알았거나 알 수 있었을 경우의 진의 아닌 의사표시 7. 통정허위표시 8. 사원총회의 결의없이 행한 총유물의 처분행위	1. 대리권 없이 행한 무권대리 2. 토지거래허가구역 내의 토지에 대한 매매계약에서 허가받기 전의 매매계약

② 절대적 무효와 상대적 무효

㉠ 절대적 무효(원칙)

ⓐ 무효의 효과가 법률행위의 당사자 간에 한하지 않고, 그 효과를 누구에게나 주장할 수 있는 경우를 말한다.

ⓑ 예를 들면, 강행법규 위반의 법률행위, 의사무능력자의 법률행위, 반사회질서의 법률행위, 불공정한 법률행위 등이 그 예이다.

ⓒ 이러한 무효는 악의의 제3자에게 무효를 주장할 수 있을 뿐만 아니라 선의의 제3자에게도 무효를 주장할 수 있다.

㉡ 상대적 무효

ⓐ 거래의 안전을 위하여 특정인에게는 대항할 수 없는 무효를 말한다.

ⓑ 예를 들면 진의 아닌 의사표시의 경우, 상대방이 진의 아님을 알았거나 알 수 있었을 경우 상대방과 통정한 허위표시 등이 그 예이다.

ⓒ 선의의 제3자에게는 무효를 주장할 수 없다.

절대적 무효(선의의 제3자에게 대항 ○)	상대적 무효(선의의 제3자에게 대항 ×)
1. 의사무능력자의 법률행위 2. 원시적 불능의 법률행위 3. 강행규정 위반의 법률행위 4. 반사회질서 법률행위 5. 불공정한 법률행위 6. 무권대리 7. 사원총회 결의없이 행한 총유물의 처분행위	1. 상대방이 알았거나 알 수 있었을 경우의 진의 아닌 의사표시 2. 통정허위표시

예제

다음 법률행위 중 그 효력이 상대적 무효인 것은? 제14회

① 의사능력의 흠결로 인한 법률행위   ② 반사회질서인 법률행위
③ 효력규정에 위반한 법률행위   ④ 통정허위표시인 법률행위
⑤ 불공정한 법률행위

해설
④ 통정허위표시인 법률행위는 무효이며, 이 경우는 선의의 제3자에게 대항할 수 없는 상대적 무효이다.
▶ 정답 ④

⑶ 무효의 효과

① 법률행위가 무효이면 표의자가 원하는 법률효과가 발생하지 않는다.

② 무효인 법률행위에서는 이행 전이라면 이행할 필요가 없고, 이행 후라면 부당이득 반환의 문제가 발생한다. 다만 제746조에 의하여 부당이득반환이 제한될 수 있다.

③ 무효인 법률행위는 그 법률행위가 성립한 당초부터 당연히 효력이 발생하지 않는다. 따라서, 무효인 법률행위에 따른 법률효과를 침해하는 것처럼 보이는 위법행위나 채무불이행이 있다고 하여도 법률효과의 침해에 따른 손해는 없는 것이므로 그 손해배상을 청구할 수는 없다.

⑷ "취소"의 의의

① 취소란 일단은 유효하게 성립한 법률행위의 효력을 후에 특정인(취소권자)이 취소권을 행사하면 비로소 법률행위시로 소급하여 효력이 발생하지 않게 되는 것을 의미한다.

② 취소할 수 있는 법률행위는 후에 취소하면 소급하여 무효로 확정되고, 후에 취소하지 않고 추인하면 그때부터 유효로 되는 유동적 유효상태의 법률행위이다.

⑸ 무효와 취소의 차이점

구 분	무 효	취 소
효력의 차이	처음부터 무효	처음에는 유효, 후에 취소하면 무효
주장할 수 있는 자	누구든지 무효를 주장	취소권자만 취소할 수 있음
시간의 경과	효력의 변동 없음	3년, 10년 경과하면 취소할 수 없음(유효 확정)

(6) 취소할 수 있는 법률행위

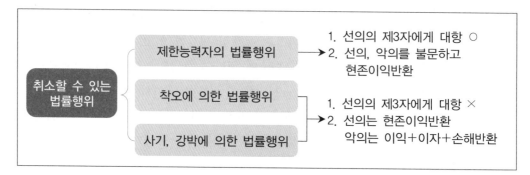

> **제5조【미성년자의 능력】** ① 미성년자가 법률행위를 함에는 법정대리인의 동의를 얻어야 한다. 그러나 권리만을 얻거나 의무만을 면하는 행위는 그러하지 아니하다.
> ② 전항의 규정에 위반한 행위는 취소할 수 있다.
>
> **제109조【착오로 인한 의사표시】** ① 의사표시는 법률행위의 내용의 중요부분에 착오가 있는 때에는 취소할 수 있다. 그러나 그 착오가 표의자의 중대한 과실로 인한 때에는 취소하지 못한다.
> ② 전항의 의사표시의 취소는 선의의 제삼자에게 대항하지 못한다.
>
> **제110조【사기, 강박에 의한 의사표시】** ① 사기나 강박에 의한 의사표시는 취소할 수 있다.
> ② 상대방 있는 의사표시에 관하여 제삼자가 사기나 강박을 행한 경우에는 상대방이 그 사실을 알았거나 알 수 있었을 경우에 한하여 그 의사표시를 취소할 수 있다.
> ③ 전2항의 의사표시의 취소는 선의의 제삼자에게 대항하지 못한다.

(7) 취소의 효과

> **제141조【취소의 효과】** 취소한 법률행위는 처음부터 무효인 것으로 본다. 그러나 제한능력자는 그 행위로 인하여 받은 이익이 현존하는 한도에서 상환할 책임이 있다.
>
> **제742조【부당이득의 내용】** 법률상 원인 없이 타인의 재산 또는 노무로 인하여 이익을 얻고 이로 인하여 타인에게 손해를 가한 자는 그 이익을 반환하여야 한다.
>
> **제748조【수익자의 반환범위】** ① 선의의 수익자는 그 받은 이익이 현존한 한도에서 전조의 책임이 있다.
> ② 악의의 수익자는 그 받은 이익에 이자를 붙여 반환하고 손해가 있으면 이를 배상하여야 한다.

① **소급적 무효**

취소할 수 있는 법률행위를 취소하면 소급하여 무효로 확정된다.

② **부당이득반환의무**

㉠ 취소된 법률행위도 결국은 소급적으로 무효가 되므로, 무효의 일반원리에 따라서 이행 전이라면 이행할 필요가 없고, 이행 후라면 부당이득의 문제가 발생한다.

㉡ 따라서 일반적인 부당이득반환법리에 따라서 선의라면 현존이익의 반환을, 악의라면 이익에 이자를 붙여 반환하고 손해가 있으면 손해까지 배상하여야 한다.

㉢ 다만 제한능력자의 반환범위는 선의·악의를 불문하고 현존이익으로 제한된다.

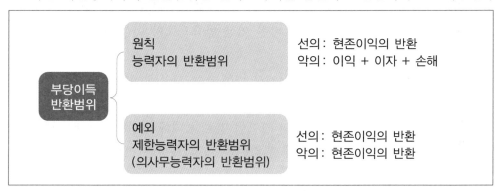

5 증명책임의 구제(추정과 간주)

(1) 추정(推定)

① '추정'이란 명확하지 않은 사실을 일단 존재하는 것으로 정하여 법률효과를 발생시키는 것을 말한다. 법률관계 또는 사실이 명확하지 아니한 경우에 일반적으로 존재한다고 생각되는 상태를 표준으로 하여 일단 법률관계 또는 사실에 대한 판단을 내려서 법률효과를 발생시키고 당사자 간의 분쟁을 회피시키는 경우가 있는데 이렇게 이루어진 판단을 '추정'이라고 한다.

② 당사자는 반증을 들어서 그 추정을 번복시킬 수 있다. 이점에 있어서 법규상의 '본다.'와 다른 것이다. 즉, '본다.'의 경우에는 반증을 들어도 일단 발생한 법률효과는 번복되지 아니하나, 추정의 경우에는 반증에 의하여 법률효과도 번복된다. 추정된 사항이 진실에 반한다고 다투는 자는 반대증거를 제출하여야 한다.

③ **민법의 추정 규정**

㉠ 2인 이상 동일한 위난으로 사망한 경우에는 동시에 사망한 것으로 추정한다(제30조).

㉡ 기한은 채무자의 이익을 위한 것으로 추정한다(제153조).

㉢ 점유자는 소유의 의사로 선의·평온 및 공연하게 점유한 것으로 추정한다(제197조).

② 채권의 매도인이 채무자의 자력을 담보한 때에는 매매계약 당시의 자력을 담보한 것으로 추정한다(제579조 제1항).

(2) 간주(看做)

① 공익 기타의 이유로 사실의 존재 또는 부존재를 법정책상 간주하는 경우가 있다. '간주'라는 것은 일종의 법의 의제로서 그 사실이 진실이냐 아니냐를 불문하고 권위적으로 그렇다고 단정해 버리고, 거기에 일정한 법적 효과를 부여하는 것을 의미한다. '간주한다.'는 '본다.'라고도 표현한다.

② 간주는 추정과는 달라서 반증을 들어 그 효과를 전복할 수는 없다. 따라서 앞의 예에서 거소나 주소로 간주해 버린 이상 반증으로써 이를 변경할 수 없다.

③ 민법의 간주 규정

㉠ 어느 행위에 있어서 가주소를 정한 때에는 그 행위에 관하여는 이를 주소로 본다(제21조).

㉡ 실종선고를 받은 자는 전조의 기간이 만료한 때에 사망한 것으로 본다(제28조).

㉢ 태아는 손해배상의 청구권에 관하여는 이미 출생한 것으로 본다(제762조).

6 대항하지 못한다.

(1) '대항하지 못한다.'의 의미는 이미 성립한 권리관계를 타인에게 주장할 수 없는 것을 말하며, 대항불능이라고 한다.

(2) '대항하지 못한다.'의 의미는 어느 일방은 타방에게 이미 성립한 권리관계를 주장하지 못하지만, 타방은 어느 일방에게 이미 성립한 법률관계를 주장할 수 있다는 것이다.

> 제112조 【제한능력자에 대한 의사표시의 효력】 의사표시의 상대방이 의사표시를 받은 때에 제한능력자인 경우에는 의사표시자는 그 의사표시로써 대항할 수 없다. 다만, 그 상대방의 법정대리인이 의사표시가 도달한 사실을 안 후에는 그러하지 아니하다.
>
> 제132조 【추인, 거절의 상대방】 추인 또는 거절의 의사표시는 상대방에 대하여 하지 아니하면 그 상대방에 대항하지 못한다. 그러나 상대방이 그 사실을 안 때에는 그러하지 아니하다.

7 제척기간과 시효기간

(1) '제척기간(除斥期間)'이란 어떤 종류의 권리에 대하여 법률상으로 정하여진 존속기 간을 의미한다.

(2) 일정한 기간 안에 행사하지 않으면 해당 권리가 소멸된다는 점에서는 소멸시효와 비 슷한 개념이다. 그러나 제척기간은 소멸시효와는 달리 정지·중단이 없고 소송에서 그 이익을 원용할 필요가 없다.

(3) 제척기간의 존재이유는 법률관계의 조속한 확정에 있다. 이점 역시 권리불행사에 대 한 제재라는 측면의 소멸시효기간과 다르다.

구 분	존재이유	소급효 유무	증명책임	중단, 정지여부	기간단축여부
시효 기간	권리행사 태만 에 대한 제재	소급효 ○	당사자 주장· 증명	중단 ○, 정지 ○	배제, 연장, 가중 × 단축, 경감 ○
제척 기간	권리관계의 조 속한 확정	소급효 ×	법원 직권조사	중단 ×, 정지 ×	배제, 연장, 가중, 단축, 경감 ×

8 출소기간과 출소외기간

(1) '출소기간(出訴期間)'이란 소송(訴訟)을 제기할 수 있는 법정기간을 의미한다.

(2) 이에 비하여 '출소외기간(出訴外期間)'이란 소송을 제기하지 않고도 권리를 행사할 수 있는 기간을 의미한다.

(3) 채권자취소권의 행사기간과 점유보호청구권이 대표적인 출소기간이다. 이에 비하여 민법상 나머지 기간은 출소기간 또는 출소외기간에 속한다.

물권법

❶ 물권법의 특징 이해하기
❷ 물권의 일반적 효력을 이해하기
❸ 민법상 물권의 의미와 물권의 종류 파악하기
❹ 물권의 소멸사유를 파악하기

1 물 권

(1) 물권의 의의

'물권'은 특정의 물건을 직접 지배하여 이익을 얻는 배타적인 권리이다.

(2) 물권의 특징(채권과의 비교)

① **재산권**: 물권은 채권과 함께 재산권의 일종이다.

② **대물권**(代物權): 대체로 채권이 특정인의 행위를 객체로 하는 대인권(對人權)임에
비해, 물권은 물건을 객체로 하는 대물권이다. 다만, 재산권의 준점유(제210조), 권
리질권(제345조), 지상권·전세권을 목적으로 하는 저당권(제371조)처럼 권리를
객체로 하는 물권도 있다.

③ **지배권**: 물권은 객체로부터 직접 이익을 향유하는 권리로서 전형적인 지배권이다.
무체재산권은 물권은 아니지만 지배권이기 때문에 물권에 준해 규율된다.

④ **절대권**: 채권이 특정인에 대한 청구권으로서 배타성·독점성이 없는 상대권임에
비해 물권은 모든 자에 대해 배타적·독점적으로 주장할 수 있는 절대권이라는 견
해(절대권·상대권 구별설)가 다수설이다.

⑤ **관념적 권리성**(지배가능성): 물권은 객체에 대한 현실적 지배가 아니라 그 지배가
능성을 의미하므로, 관념적 권리성을 띤다. 다만, 점유권은 현실적 지배를 기초로
성립하는 특수한 물권이다.

(3) 물권의 효력

① 물권의 우선적 효력

㉠ '우선적 효력'이란 하나의 물건 위에 수개의 권리가 존재하여 서로 충돌할 때 그 중 한 권리가 다른 권리에 우선하는 작용을 말한다.

㉡ 채권에 대한 물권의 우선적 효력: 성립순서에 관계없이 물권은 채권에 우선한다. 채권자는 채무자의 급부를 매개로 하여 간접적으로 물건을 지배할 수 있을 뿐이지만, 물권자는 직접 물건을 지배하기 때문이다.

㉢ 물권 상호간의 우선적 효력

ⓐ 제한물권은 언제나 소유권에 우선한다. 제한물권은 소유권을 제한하는 물권이기 때문이다.

ⓑ 같은 종류의 물권 상호간에는 먼저 성립한 권리가 후에 성립한 권리에 우선한다.

ⓒ 점유권은 배타성이나 우선적 효력이 없으므로 다른 물권과 병존할 수 있다. 일반적으로 점유권과 다른 물권 사이에는 권리 우열의 문제가 생기지 않는다.

> **참고**
>
> 📖 **채권이 물권에 우선하는 경우**
>
> 1. 가등기를 경료한 부동산물권변동청구권은 채권이지만 나중에 본등기를 경료하면 가등기의 순위에 따라 후순위 물권에 우선한다.
> 2. 등기된 부동산임차권의 보증금반환채권은 물권과 동일한 효력을 가지며, 대항요건과 확정일자를 갖춘 주택임차인 및 일정범위의 상가건물 임차인의 보증금반환채권도 물권과 동일한 효력을 가진다.
> 3. 경매신청등기 전에 대항요건을 갖춘 주택임차인 및 일정범위의 상가건물 임차인의 소액보증금반환채권은 다른 담보물권에 우선한다.
> 4. 임금채권과 상법상의 우선특권은 일정한 범위 내에서 물권에 우선한다.

② 물권적 청구권

㉠ 의 의

'물권적 청구권'이란 물권의 행사가 전면적 또는 부분적으로 방해되고 있거나 방해당할 염려가 있는 경우에 물건의 반환이나 방해의 제거·예방을 청구할 수 있는 권리를 말한다.

㉡ 민법의 규정

> **제204조【점유의 회수】** ① 점유자가 점유의 침탈을 당한 때에는 그 물건의 반환 및 손해의 배상을 청구할 수 있다.
> ② 전항의 청구권은 침탈자의 특별승계인에 대하여는 행사하지 못한다. 그러나 승계인이 악의인 때에는 그러하지 아니하다.
> ③ 제1항의 청구권은 침탈을 당한 날로부터 1년 내에 행사하여야 한다.

> 제205조【점유의 보유】① 점유자가 점유의 방해를 받은 때에는 그 방해의 제거 및 손해의 배상을 청구할 수 있다.
> ② 전항의 청구권은 방해가 종료한 날로부터 1년 내에 행사하여야 한다.
> ③ 공사로 인하여 점유의 방해를 받은 경우에는 공사착수 후 1년을 경과하거나 그 공사가 완성한 때에는 방해의 제거를 청구하지 못한다.
> 제206조【점유의 보전】① 점유자가 점유의 방해를 받을 염려가 있는 때에는 그 방해의 예방 또는 손해배상의 담보를 청구할 수 있다.
> ② 공사로 인하여 점유의 방해를 받을 염려가 있는 경우에는 전조 제3항의 규정을 준용한다.
> 제213조【소유물반환청구권】소유자는 그 소유에 속한 물건을 점유한 자에 대하여 반환을 청구할 수 있다. 그러나 점유자가 그 물건을 점유할 권리가 있는 때에는 반환을 거부할 수 있다.
> 제214조【소유물방해제거, 방해예방청구권】소유자는 소유권을 방해하는 자에 대하여 방해의 제거를 청구할 수 있고 소유권을 방해할 염려있는 행위를 하는 자에 대하여 그 예방이나 손해배상의 담보를 청구할 수 있다.
> 제370조【준용규정】제214조, 제321조, 제333조, 제340조, 제341조 및 제342조의 규정은 저당권에 준용한다.

ⓐ 우리 민법은 점유권(제204조～제206조)·소유권(제213조～제214조)에 기한 물권적 청구권을 규정하고 있고, 소유물반환청구권(제213조)과 소유물방해제거·방해예방청구권(제214조) 규정을 지상권(제290조)·전세권(제319조)에 준용하고 있으며, 소유물방해제거·방해예방청구권 규정을 지역권(제301조)·저당권(제370조)에 준용하고 있다.

ⓑ 유치권·질권에 대해서는 명문규정이 없는바, 유치권자는 점유권에 기한 물권적 청구권만 행사할 수 있고, 질권자는 질권 자체에 기한 물권적 청구권도 행사할 수 있다고 한다.

ⓒ 종 류

　ⓐ 반환청구권
　ⓑ 방해제거청구권
　ⓒ 방해예방청구권

ⓔ 특 징

　ⓐ 물권적 청구권은 물권과 분리하여 양도할 수 없다.
　ⓑ 물권적 청구권은 소멸시효에 걸리지 않는다.
　ⓒ 물권적 청구권은 상대방의 고의·과실을 요하지 아니한다.
　ⓓ 물권적 청구권은 손해의 발생을 요하지 아니한다.

예제

물권적 청구권에 관한 설명으로 옳은 것은? (다툼이 있으면 판례에 따름) 제27회

① 지상권을 설정한 토지소유권자는 그 토지에 대한 불법점유자에 대하여 물권적 청구권을 행사할 수 없다.

② 점유를 상실하여 현실적으로 점유하고 있지 아니한 불법점유자에 대하여 소유자는 그 소유물의 인도를 청구할 수 있다.

③ 소유권을 상실한 전(前)소유자가 그 물건의 양수인에게 인도의무를 부담하는 경우, 제3자인 불법점유자에 대하여 소유권에 기한 물권적 청구권을 행사할 수 있다.

④ 소유자는 소유권을 현실적으로 방해하지 않고 그 방해를 할 염려있는 행위를 하는 자에 대하여도 그 예방을 청구할 수 있다.

⑤ 지역권자는 지역권의 행사를 방해하는 자에게 승역지의 반환청구를 할 수 있다.

해설

④ 소유자는 소유권을 방해하는 자에 대하여 방해의 제거를 청구할 수 있고 소유권을 방해할 염려 있는 행위를 하는 자에 대하여 그 예방이나 손해배상의 담보를 청구할 수 있다(제214조).

① 지상권을 설정한 토지소유권자는 그 토지에 대한 불법점유자에 대하여 물권적 청구권을 행사할 수 있다(제213조 참조).

② 소유권에 기한 소유물반환청구권은 현재 침해를 하고 있는 상태이어야 하므로, 점유를 상실하여 현실적으로 점유하고 있지 아니한 불법점유자에 대하여 소유자는 그 소유물의 인도를 청구할 수 없다.

③ 소유권을 양도함에 있어 소유권에 의하여 발생되는 물상청구권을 소유권과 분리, 소유권없는 전소유자에게 유보하여 제3자에게 대하여 이를 행사케 한다는 것은 소유권의 절대적 권리인 점에 비추어 허용될 수 없는 것이라 할 것으로서, 이는 양도인인 전소유자가 그 목적물을 양수인에게 인도할 의무가 있고 그 의무이행이 매매대금 잔액의 지급과 동시이행관계에 있다거나 그 소유권의 양도가 소송계속 중에 있었다 하여 다를 리 없고 일단 소유권을 상실한 전소유자는 제3자인 불법점유자에 대하여 물권적청구권에 의한 방해배제를 청구할 수 없다(대판 1969.5.27. 68다725 전합).

⑤ 지역권자는 독점적인 점유할 권리가 없으므로 점유침탈을 이유로 한 반환청구권은 인정되지 않는다(제301조 참조).

▶ **정답** ④

---

2 부동산 물권변동

제186조【부동산 물권변동의 효력】 부동산에 관한 법률행위로 인한 물권의 득실변경은 등기하여야 그 효력이 생긴다.

제187조【등기를 요하지 아니하는 부동산 물권 취득】 상속, 공용징수, 판결, 경매 기타 법률의 규정에 의한 부동산에 관한 물권의 취득은 등기를 요하지 아니한다. 그러나 등기를 하지 아니하면 이를 처분하지 못한다.

(I) 법률행위에 의한 물권변동

물권설정에 대한 당사자 간의 의사합치와 등기가 있어야 물권변동이 일어난다.

보충 학습

📖 **등기에 관한 기본정리**

1. 등기는 부동산 물권변동의 효력요건이지 그 대항요건이 아니다. 그 의미는 등기가 있어야 물권이 성립한다는 것으로, 등기 없이도 당사자 간에 물권이 발생하고 다만 제3자에게 대항하기 위해 등기하여야 하는 것은 아니다.
2. 등기는 물권의 효력발생요건이고, 효력존속요건이 아니다. 따라서 등기가 된 후 등기부상 등기가 부적법하게 소멸된 경우에도 여전히 권리가 소멸하지 않는다.
3. 부동산의 경우 점유의 이전은 물권변동의 요건이 아니다. 따라서 등기가 있으면 물권이 발생하고 부동산 인도가 없어도 권리가 발생한다.

(2) 법률규정에 의한 물권변동

① **의의**: 제187조 본문은 법률행위에 의하지 않은 부동산물권의 변동에 있어서는 제186조와 달리 등기 없이도 그 효력이 발생하는 것으로 하고 있다.

② **상속**: 피상속인의 사망으로 상속은 개시되기 때문에 상속개시로 인하여 등기 없이 당연히 물권변동의 효력은 발생한다. 포괄적 유증의 경우에도 마찬가지로 해석하여야 한다. 부동산등기법상 상속 또는 포괄적 유증에 의한 등기는 상속인 또는 포괄적 수유자가 단독으로 신청한다.

③ **공용징수**: 공용징수는 공공의 이익을 위하여 소유권 기타의 재산권을 강제적으로 수용하는 제도로서 수용으로 인하여 수용자는 원칙적으로 등기 없이 권리를 취득하고, 반면에 피수용자의 권리는 소멸한다.

④ **판결**: 판결의 확정으로 인하여 등기 없이 당연히 물권변동의 효력이 발생한다. 여기서의 판결은 판결 그 자체에 의하여 부동산에 관한 물권변동을 일어나게 하는 형성판결에 한한다.

⑤ **경매**: 여기서 말하는 경매란 국가기관이 하는 공경매를 말한다. 공경매에 있어서는 경락인이 경락대금을 완납한 때 경매의 목적인 권리를 취득한다.

예제

물권변동에 관한 설명으로 옳지 않은 것은? (다툼이 있으면 판례에 따름) 제26회

① 별도의 공시방법을 갖추면 토지 위에 식재된 입목을 그 토지와 독립하여 거래의 객체로 할 수 있다.

② 지역권은 20년간 행사하지 않으면 시효로 소멸한다.

③ 취득시효에 의한 소유권취득의 효력은 점유를 개시한 때로 소급한다.

④ 부동산 공유자가 자기 지분을 포기한 경우, 그 지분은 이전등기 없이도 다른 공유자에게 각 지분의 비율로 귀속된다.

⑤ 공유물분할의 조정절차에서 협의에 의하여 조정조서가 작성되더라도 그 즉시 공유관계가 소멸하지는 않는다.

해설

④ 공유지분의 포기는 법률행위로서 상대방 있는 단독행위에 해당하므로, 부동산 공유자의 공유지분 포기의 의사표시가 다른 공유자에게 도달하더라도 이로써 곧바로 공유지분 포기에 따른 물권변동의 효력이 발생하는 것은 아니고, 다른 공유자는 자신에게 귀속될 공유지분에 관하여 소유권이전등기청구권을 취득하며, 이후 민법 제186조에 의하여 등기를 하여야 공유지분 포기에 따른 물권변동의 효력이 발생한다(대판 2016.10.27, 2015다52978).

① 입목법에 의하여 등기된 수목의 집단은 토지와 별개의 거래의 객체가 될 수 있다.

② 지역권은 20년간 행사하지 않으면 시효로 인하여 소멸한다(제162조 제2항 참조).

③ 취득시효에 의한 소유권취득의 효력은 점유를 개시한 때에 소급한다(제247조 제1항 참조).

⑤ 공유물분할의 소송절차 또는 조정절차에서 공유자 사이에 공유토지에 관한 현물분할의 협의가 성립하여 그 합의사항을 조서에 기재함으로써 조정이 성립하였다고 하더라도, 그와 같은 사정만으로 재판에 의한 공유물분할의 경우와 마찬가지로 그 즉시 공유관계가 소멸하고 각 공유자에게 그 협의에 따른 새로운 법률관계가 창설되는 것은 아니고, 공유자들이 협의한 바에 따라 토지의 분필절차를 마친 후 각 단독소유로 하기로 한 부분에 관하여 다른 공유자의 공유지분을 이전받아 등기를 마침으로써 비로소 그 부분에 대한 대세적 권리로서의 소유권을 취득하게 된다고 보아야 한다(대판 전합 2013.11.21, 2011두1917).

▶ 정답 ④

3 동산 물권변동

(1) 법률행위에 의한 동산 물권의 변동은 당사자의 합의와 동산의 인도에 의해 효력이 발생한다.

(2) **동산의 인도**

> **제188조 【동산 물권 양도의 효력, 간이인도】** ① 동산에 관한 물권의 양도는 그 동산을 인도하여야 효력이 생긴다.
> ② 양수인이 이미 그 동산을 점유한 때에는 당사자의 의사표시만으로 그 효력이 생긴다.
> **제189조 【점유개정】** 동산에 관한 물권을 양도하는 경우에 당사자의 계약으로 양도인이 그 동산의 점유를 계속하는 때에는 양수인이 인도받은 것으로 본다.

> 제190조【목적물반환청구권의 양도】제삼자가 점유하고 있는 동산에 관한 물권을 양도하는 경우에는 양도인이 그 제삼자에 대한 반환청구권을 양수인에게 양도함으로써 동산을 인도한 것으로 본다.

4 민법상 물권의 종류와 내용

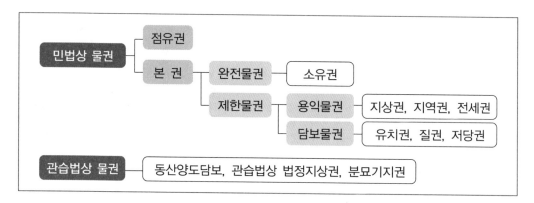

(1) 점유권과 본권

① **점유권**: 물건(부동산과 동산)에 대한 사실상의 지배를 할 수 있는 권리를 말한다.

② **본권(本權)**: 물건을 사실상 지배하고 있느냐의 여부와는 관계없이 이를 지배할 수 있는 권리를 의미한다.

(2) 소유권

① 소유권은 소유자가 법률의 범위 내에서 자유로이 물건(부동산과 동산)을 사용·수익·처분할 수 있는 권리를 말한다.

② 소유권에는 하나의 물건을 혼자서 소유하는 단독소유와 하나의 물건을 여러 명이 소유하는 공동소유가 있다.

보충 학습

📖 **공동소유의 형태**

1. **공유**: 물건이 지분에 의하여 수인의 소유로 된 때에는 공유로 한다(제262조). 즉, 토지를 공동 구입하거나 재산을 공동상속받는 것처럼 물건의 소유에 관해서만 공동관계가 있을 뿐 아무런 공동의 목적이 없는 소유형태이다.

2. **합유**: 법률의 규정 또는 계약에 의하여 수인이 조합체로서 물건을 소유하는 때에는 합유로 한다(제271조). 예컨대, A와 B가 공동사업 등을 목적으로 조합(이 경우 A와 B를 조합원이라 한다)을 설립하여 소유하는 형태이다.

3. 총유 : 법인이 아닌 사단의 사원이 집합체로서 물건을 소유할 때에는 총유로 한다(제275조). 예컨대, 종중이나 교회와 같은 권리능력이 없는 사단의 사원들 간에 재산을 소유하는 형태이다.

③ **소유권의 취득**

　㉠ **취득시효** : '취득시효'란 물건 또는 권리를 점유하는 사실상태가 일정한 기간 계속되는 경우에 그것이 진실한 권리관계와 일치하는가의 여부를 묻지 않고 권리취득의 효과가 생기는 것으로 하는 제도이다.

> **제245조【점유로 인한 부동산소유권의 취득기간】** ① 20년간 소유의 의사로 평온, 공연하게 부동산을 점유하는 자는 등기함으로써 그 소유권을 취득한다.
> ② 부동산의 소유자로 등기한 자가 10년간 소유의 의사로 평온, 공연하게 선의이며 과실 없이 그 부동산을 점유한 때에는 소유권을 취득한다.
> **제246조【점유로 인한 동산소유권의 취득기간】** ① 10년간 소유의 의사로 평온, 공연하게 동산을 점유한 자는 그 소유권을 취득한다.
> ② 전항의 점유가 선의이며 과실 없이 개시된 경우에는 5년을 경과함으로써 그 소유권을 취득한다.

　㉡ **선의취득**

> **제249조【선의취득】** 평온, 공연하게 동산을 양수한 자가 선의이며 과실 없이 그 동산을 점유한 경우에는 양도인이 정당한 소유자가 아닌 때에도 즉시 그 동산의 소유권을 취득한다.

　㉢ **무주물의 귀속**

> **제252조【무주물의 귀속】** ① 무주의 동산을 소유의 의사로 점유한 자는 그 소유권을 취득한다.
> ② 무주의 부동산은 국유로 한다.
> ③ 야생하는 동물은 무주물로 하고 사양하는 야생동물도 다시 야생상태로 돌아가면 무주물로 한다.

　㉣ **유실물의 소유권 취득**

> **제253조【유실물의 소유권 취득】** 유실물은 법률에 정한 바에 의하여 공고한 후 6개월 내에 그 소유자가 권리를 주장하지 아니하면 습득자가 그 소유권을 취득한다.

　㉤ **매장물의 소유권 취득**

> **제254조【매장물의 소유권 취득】** 매장물은 법률에 정한 바에 의하여 공고한 후 1년 내에 그 소유자가 권리를 주장하지 아니하면 발견자가 그 소유권을 취득한다. 그러나 타인의 토지 기타 물건으로부터 발견한 매장물은 그 토지 기타 물건의 소유자와 발견자가 절반하여 취득한다.

ⓑ 첨부에 의한 소유권 취득

> **제256조【부동산에의 부합】** 부동산의 소유자는 그 부동산에 부합한 물건의 소유권을 취득한다. 그러나 타인의 권원에 의하여 부속된 것은 그러하지 아니하다.
>
> **제257조【동산 간의 부합】** 동산과 동산이 부합하여 훼손하지 아니하면 분리할 수 없거나 그 분리에 과다한 비용을 요할 경우에는 그 합성물의 소유권은 주된 동산의 소유자에게 속한다. 부합한 동산의 주종을 구별할 수 없는 때에는 동산의 소유자는 부합 당시의 가액의 비율로 합성물을 공유한다.
>
> **제258조【혼 화】** 전조의 규정은 동산과 동산이 혼화하여 식별할 수 없는 경우에 준용한다.
>
> **제259조【가 공】** ① 타인의 동산에 가공한 때에는 그 물건의 소유권은 원재료의 소유자에게 속한다. 그러나 가공으로 인한 가액의 증가가 원재료의 가액보다 현저히 다액인 때에는 가공자의 소유로 한다.
> ② 가공자가 재료의 일부를 제공하였을 때에는 그 가액은 전항의 증가액에 가산한다.

(3) 제한물권

물건에 대한 소유자가 아닌 경우에는 타인의 물건에 대한 권리를 행사할 수 없다. 따라서 그 타인은 물건소유자로부터 물건을 빌려 쓸 수밖에 없다. 즉, 물건의 소유자(제한물권의 설정자)의 소유권의 내용을 제한하는 형식으로 설정(소유권이전 이외의 물권이전을 설정이라고 한다)하여 물건에 관한 권리를 취득한다(제한물권자). 이러한 제한물권에는 용익물권과 담보물권이 있다.

① **용익물권**(用益物權) : 타인의 토지 또는 건물을 사용(使用)·수익(收益)하는 것을 내용으로 하는 물권을 통틀어 '용익물권'이라 한다. 민법은 용익물권으로 지상권·지역권·전세권의 세 가지를 규정하고 있다.

　㉠ 지상권

> **제279조【지상권의 내용】** 지상권자는 타인의 토지에 건물 기타 공작물이나 수목을 소유하기 위하여 그 토지를 사용하는 권리가 있다.

　㉡ 지역권

> **제291조【지역권의 내용】** 지역권자는 일정한 목적을 위하여 타인의 토지를 자기토지의 편익에 이용하는 권리가 있다.

　㉢ 전세권

> **제303조【전세권의 내용】** ① 전세권자는 전세금을 지급하고 타인의 부동산을 점유하여 그 부동산의 용도에 좇아 사용·수익하며, 그 부동산 전부에 대하여 후순위 권리자 기타 채권자보다 전세금의 우선변제를 받을 권리가 있다.
> ② 농경지는 전세권의 목적으로 하지 못한다.

> **참고**
>
> 📖 **채권적 전세**
>
> 민법상 전세권은 부동산에 전세권이라는 등기가 된 경우를 말하며, 미등기부동산인 채권적 전세권과는 구별된다. 채권적 전세란 관습법상 인정되어 온 미등기전세로서, 전세금을 일시에 교부하고 전세금의 이자와 차임을 상계하는 것으로 차임지급 방식이 특수한 형태의 임대차라고 볼 수 있다.

② **담보물권**: 담보란 채권의 변제를 확실하게 하기 위한 제도로 이에는 인적 담보와 물적 담보가 있다. 이 중 물적 담보의 수단으로 설정하는 권리가 '담보물권'이다.

　㉠ 유치권

> **제320조【유치권의 내용】**① 타인의 물건 또는 유가증권을 점유한 자는 그 물건이나 유가증권에 관하여 생긴 채권이 변제기에 있는 경우에는 변제를 받을 때까지 그 물건 또는 유가증권을 유치할 권리가 있다.
> ② 전항의 규정은 그 점유가 불법행위로 인한 경우에 적용하지 아니한다.

　㉡ 질 권

> **제329조【동산질권의 내용】**동산질권자는 채권의 담보로 채무자 또는 제삼자가 제공한 동산을 점유하고 그 동산에 대하여 다른 채권자보다 자기채권의 우선변제를 받을 권리가 있다.
>
> **제345조【권리질권의 목적】**질권은 재산권을 그 목적으로 할 수 있다. 그러나 부동산의 사용, 수익을 목적으로 하는 권리는 그러하지 아니하다.

　㉢ 저당권

> **제356조【저당권의 내용】**저당권자는 채무자 또는 제삼자가 점유를 이전하지 아니하고 채무의 담보로 제공한 부동산에 대하여 다른 채권자보다 자기채권의 우선변제를 받을 권리가 있다.

5 물권의 소멸

(1) 의 의

① **물권의 상대적 소멸**: 물권의 권리주체의 변동을 의미하는 것으로, 법률행위 또는 법률의 규정에 의하여 이루어진다.

② **물권의 절대적 소멸**: 물권의 객체인 목적물 자체가 완전히 소멸하여 존재하지 않게 되는 것으로, 모든 물권에 공통되는 소멸원인과 각종의 물권에 특유한 소멸원인이 있다.

③ **물권의 공통적 소멸원인**: 목적물의 멸실·소멸시효·혼동·공용징수·몰수·포기·포락 등이 있다.

(2) 목적물의 멸실

① 물권은 물건을 직접 지배하는 권리이므로 그 객체인 물건이 멸실하면 당연히 물권은 소멸하게 된다. 따라서 건물이 멸실된 경우 동일한 구조로 신축하더라도 등기의 유용이 인정되지 않는다.

② 물건의 멸실은 사회통념 및 거래관념에 의하여 결정된다.

③ 예외적으로 목적물이 멸실하여도 변형물이 있으면 물권의 효력이 이에 미치는 경우가 있다. 예컨대, 저당권이 설정된 건물이 화재로 소실된 경우 저당권자는 그 건물의 화재보험금을 우선적으로 받아갈 수 있다. 이것을 담보물권의 물상대위성이라고 한다.

(3) 소멸시효

소유권을 제외한 물권은 소멸시효의 대상이 되므로 물권은 20년의 시효로 소멸한다. 소유권은 소멸시효의 대상이 되지 않으나 시효취득의 결과 소멸될 수 있다. 점유를 기초로 하는 점유권과 유치권 등은 점유를 상실하면 소멸하므로 소멸시효의 대상이 되지 않는다. 담보물권은 피담보채권이 존속하는 한 독립하여 소멸시효의 대상이 되지 않는다. 결국 용익물권만 소멸시효대상이 된다.

(4) 물권의 포기

물권의 포기는 물권소멸의 의사표시이며 단독행위이다. 소유권 및 점유권의 포기는 상대방 없는 단독행위이고, 제한물권의 포기는 상대방 있는 단독행위이다. 점유권을 제외한 물권의 포기는 등기하여야 효력이 발생한다.

(5) 공용징수와 몰수

① **공용징수**: 특정의 공공사업에 사용할 목적으로 타인의 특정한 소유권이나 그 밖의 재산권을 강제적으로 취득하는 것을 말하며 공용수용이라고도 한다. 공용징수로 인한 취득은 원시취득이므로 목적물 위에 존재하였던 권리는 모두 소멸한다.

② **몰수**: 범죄자의 재산권을 박탈하는 재산형으로 몰수판결의 효력이 미치는 범위 내에서 소유권은 소멸하고 국고에 귀속된다.

(6) 혼 동

① 혼동이란 서로 대립하는 두 개의 법률상의 지위 내지 자격이 동일인에게 귀속하는 것을 말한다. 이러한 경우 두 개의 지위를 존속시키는 것은 의미가 없으므로 한쪽이 다른 한쪽에 흡수되어 소멸하는 것을 원칙으로 한다.

> 예 부동산 전세권자가 그 부동산을 매수하여 소유자이면서 전세권자인 경우 전세권이 소멸한다.

② 성질을 달리하는 권리 상호간에는 혼동이 일어나지 아니한다.

> 예 소유권자이면서 점유권자이거나 또는 소유권자이면서 광업권자인 경우 혼동이 일어나지 아니하고 두 권리 모두가 인정된다.

❶ 채권의 의미와 채권의 특징을 이해하기
❷ 계약의 의의와 민법상 계약의 종류를 구별하기

1 채권의 의의

(1) 채권·채무와 채권관계

① 당사자 간의 합의(이것을 민법상 계약이라고 한다)에 의해 발생하는 내용을 청구할 법적인 권리를 채권이라고 하고 그러한 권리를 가지는 자를 채권자라고 한다. 또한, 그러한 내용을 이행하여야 할 법적인 의무를 채무라고 하고 그러한 의무를 지는 자를 채무자라고 한다.

> 예 A주택을 5억원에 매매계약을 체결한 경우 매도인이 매수인에게 5억원이라는 매매대금을 청구할 권리를 채권이라고 하고, A주택을 이전하여야 하는 것을 채무라고 한다. 반대로 매수인이 매도인에게 A주택을 이전할 것을 요구하는 법적인 권리를 채권이라고 하고, 5억원이라는 매매대금을 지급하여야 할 법적 의무를 채무라고 한다.

② 채권관계란 특정한 사람(채권자)이 다른 특정한 사람(채무자)에 대하여 일정한 행위(급부)를 청구할 수 있는 권리를 가지게 되는 법률관계를 말한다.

> 예 매도인과 매수인 사이의 법률관계를 채권관계라고 한다.

(2) 채권법의 특징

① **임의법규성**: 물권법이 대체로 강행법규임에 비해 채권법은 대체로 임의법규이다. 임의법규성은 계약관계에서 현저하며, 계약자유의 원칙은 이를 표현하는 말이다.

② **보편성**: 물권법·가족법이 각국의 고유한 관습·전통에 근거하여 고유법성을 가짐에 비해 채권법은 국제적으로 보편적이고 세계적으로 통일되는 경향을 보인다.

(3) 채권관계의 발생원인

① **법률행위에 의한 채권의 발생**: 계약

② **법률의 규정에 의한 채권의 발생**: 사무관리, 부당이득, 불법행위

> **보충 학습**
>
> 📖 **사무관리 · 부당이득 · 불법행위**
> 1. **사무관리**: 사무관리는 법률상의 의무 없이 타인을 위하여 그의 사무를 처리하는 행위이다(제734조 제1항). 예컨대, 이웃 사람의 외출 중에 수금하러 온 전기요금을 대신 지급하거나 또는 폭풍으로 파괴된 지붕을 수선해 주거나 집을 잃은 어린이에게 음식물을 제공하는 것처럼 일상생활에 있어서 타인의 부탁 없이 타인의 사무를 처리한 경우 관리자를 위하여 그 비용의 충분한 상환과 손실을 배상받을 수 있도록 함으로써 상부상조의 이웃생활을 할 수 있도록 하는 민법의 제도이다.
> 2. **부당이득**: 부당이득은 법률상 원인 없이 부당하게 재산적 이득을 얻고, 이로 말미암아 타인에게 손해를 준 자에 대하여 그 이득의 반환을 하도록 하는 제도이다(제741조). 예컨대, 채무자가 그 채무를 이행하였음에도 불구하고, 그 변제한 사실을 잊어버리고 채권자에게 이중으로 또 다시 변제를 하였거나 또는 계약이 유효한 줄 알고 계약금을 지급하였으나 실제는 계약이 무효가 된 경우 그 금액의 반환을 청구할 수 있도록 하는 것이 부당이득반환청구권이다.
> 3. **불법행위**: 교통사고로 타인을 다치게 한 경우 그 치료비를 배상하는 것처럼 고의 또는 과실로 인한 위법행위로 타인에게 손해를 가한 자가 그 손해를 배상하는 것을 불법행위에 의한 책임이라고 한다(제750조). 이는 위법한 행위를 한 자가 피해자에게 손해를 배상하도록 법률상 강제함으로써 사회정의를 구현하는 제도이다.

2 계약의 의의 및 종류

(1) 의 의

'계약'이란 사법상의 일정한 법률효과의 발생을 목적으로 하는 2인 이상의 당사자의 의사표시의 합치, 즉 합의에 의하여 성립하는 법률행위를 말한다.

(2) 계약의 종류

① **민법에 규정이 있는가 여부에 따라 ⇨ 전형계약 · 비전형계약**

㉠ 민법이 규정하고 있는 계약을 '전형계약'이라고 한다(계약의 이름이 법률상 주어져 있다는 의미에서 유명계약이라고도 한다). '비전형계약'은 민법에 규정되어 있지 않은 계약을 통틀어 지칭한다(무명계약이라고도 한다). 그리고 두 가지 이상의 전형계약의 성질을 겸하고 있는 것(예 주문에 응하여 물건을 만들어 파는 제작물공급계약은 도급과 매매의 두 성질을 겸한다) 또는 전형계약과 비전형계약의 내용이 혼합된 것을 혼합계약이라고 한다.

ⓛ 재산권이전을 목적으로 한 전형계약

ⓐ 증여(제554조) : 당사자 일방이 무상으로 재산을 상대방에 수여하는 의사를 표시하고 상대방이 이를 승낙함으로써 그 효력이 생긴다. 다만, 증여의 의사가 서면으로 표시되지 아니한 경우에는 각 당사자는 이를 해제할 수 있다.

ⓑ 매매(제563조) : 당사자 일방이 재산권을 상대방에게 이전할 것을 약정하고 상대방이 그 대금을 지급할 것을 약정함으로써 그 효력이 생긴다.

ⓒ 교환(제596조) : 당사자 쌍방이 금전 이외의 재산권을 상호 이전할 것을 약정함으로써 그 효력이 생긴다.

ⓒ 물건이용을 목적으로 한 전형계약

ⓐ 소비대차(제598조) : 당사자 일방이 금전 기타 대체물의 소유권을 상대방에게 이전할 것을 약정하고 상대방은 그와 같은 종류, 품질 및 수량으로 반환할 것을 약정함으로써 그 효력이 생긴다.

ⓑ 사용대차(제609조) : 당사자 일방이 상대방에게 무상으로 사용·수익하게 하기 위하여 목적물을 인도할 것을 약정하고 상대방은 이를 사용·수익한 후 그 물건을 반환할 것을 약정함으로써 그 효력이 생긴다.

ⓒ 임대차(제618조) : 당사자 일방이 상대방에게 목적물을 사용·수익하게 할 것을 약정하고 상대방이 이에 대하여 차임을 지급할 것을 약정함으로써 그 효력이 생긴다.

ⓔ 노동력 이용을 목적으로 한 전형계약

ⓐ 고용(제655조) : 당사자 일방이 상대방에 대하여 노무를 제공할 것을 약정하고 상대방이 이에 대하여 보수를 지급할 것을 약정함으로써 그 효력이 생긴다.

ⓑ 도급(제664조) : 당사자 일방이 어느 일을 완성할 것을 약정하고 상대방이 그 일의 결과에 대하여 보수를 지급할 것을 약정함으로써 그 효력이 생긴다.

ⓒ 여행계약(제674조의2) : 당사자 한쪽이 상대방에게 운송, 숙박, 관광 또는 그 밖의 여행 관련 용역을 결합하여 제공하기로 약정하고 상대방이 그 대금을 지급하기로 약정함으로써 효력이 생긴다.

ⓓ 현상광고(제675조) : 광고자가 어느 행위를 한 자에게 일정한 보수를 지급할 의사를 표시하고 이에 응한 자가 그 광고에 정한 행위를 완료함으로써 그 효력이 생긴다.

ⓔ 위임(제680조) : 당사자 일방이 상대방에 대하여 사무의 처리를 위탁하고 상대방이 이를 승낙함으로써 그 효력이 생긴다.

ⓕ 임치(제693조) : 당사자 일방이 상대방에 대하여 금전이나 유가증권 기타 물건의 보관을 위탁하고 상대방이 이를 승낙함으로써 효력이 생긴다.

ⓜ 기타 전형계약

ⓐ 조합(제703조) : 2인 이상이 상호 출자하여 공동사업을 경영할 것을 약정함으로써 그 효력이 생긴다.

ⓑ 종신정기금계약(제725조) : 당사자 일방이 자기, 상대방 또는 제3자의 종신까지 정기로 금전 기타의 물건을 상대방 또는 제3자에게 지급할 것을 약정함으로써 그 효력이 생긴다.

ⓒ 화해(제731조) : 당사자가 상호 양보하여 당사자 간의 분쟁을 종지할 것을 약정함으로써 그 효력이 생긴다.

예제

민법이 규정하고 있는 전형계약이 아닌 것은?   제24회

① 부당이득   ② 위임   ③ 도급
④ 증여   ⑤ 매매

해설
① 부당이득은 계약이 아니라 법률의 규정에 해당한다. 나머지는 민법에 규정이 있는 전형계약이다.

▶ 정답 ①

② **계약 성립상의 차이에 따라**

㉠ 낙성계약 · 요물계약

ⓐ 당사자 사이의 의사표시의 합의만으로 성립하는 계약을 낙성계약, 합의 이외에 추가로 일방 당사자가 물건의 인도 기타의 급부를 해야 성립하는 계약을 요물계약(합의사항을 실천해야 성립한다고 하여 실천계약 또는 천성계약이라고도 한다)이라 한다. 전형계약 중에서 요물계약이라고 할 수 있는 것은 현상광고뿐이다.

ⓑ 요물계약에서는 물건의 인도 기타의 급부를 해야 비로소 계약이 성립하게 되므로 양자는 계약의 성립시기에서 차이가 생긴다.

㉡ 요식계약 · 불요식계약

ⓐ 계약의 성립에 일정한 방식을 요하는 계약을 요식계약, 방식을 요하지 않는 계약을 불요식계약이라 한다. 민법은 원칙적으로 계약에 있어 방식의 자유를 인정하고 있다.

ⓑ 요식계약의 경우 방식을 갖추지 않으면 일반적으로 계약의 효력이 부정된다.

🔺 요식계약이 아니더라도 방식의 결여 때문에 계약의 효력이 약해지거나(예 제555조 서면에 의하지 아니한 증여와 해제), 공법상의 제재를 받는 경우도 있다(예 토지거래허가지역에서의 토지매매).

③ **계약 효력상의 차이에 따라 ⇨ 쌍무계약 · 편무계약**

　㉠ **쌍무계약**

　　다른 것을 받기 위하여 이것을 준다는 관계에 있는 채권 · 채무를 발생시키는 계약, 즉 give and take의 계약을 말한다. 즉, 당사자 쌍방이 서로 대가적 의미를 가지는 채무를 부담하게 되는 계약이다(예 매매, 이자부 소비대차, 임대차 등).

　　▲ 양 채무가 객관적 · 경제적으로 동등한 의미를 가지고 있어야 하는 것은 아니며, 급부가 양 당사자에게 주관적으로 상호의존관계에 있으면 된다.

　㉡ **편무계약**

　　당사자 일방만이 채무를 부담하는 계약이다(예 증여). 한편, 당사자 쌍방이 채무를 부담하지만 그들 채무가 서로 대가적 의미를 가지지 않는 것을 불완전쌍무계약이라고도 하는데, 법률상 그것은 편무계약에 지나지 않는다. 가령, 사용대차에서 사용대주는 목적물을 사용 · 수익하게 할 채무를 지고, 사용차주는 그 차용물을 반환할 채무를 부담하지만, 이들 두 채무는 대가관계에 있지 않으므로 법률상 편무계약이다.

④ **계약의 전 과정에서 대가적 출연의 여부에 따라 ⇨ 유상계약 · 무상계약**

　㉠ 유상계약이란 당사자 쌍방이 서로 대가적 의미 있는 재산상의 출연을 하는 계약을 말하고, 무상계약이란 당사자 일방만이 급부를 하거나 쌍방이 급부를 하더라도 그 급부들 사이에 대가적 의미가 없는 계약을 말한다. 가령, 매매 · 임대차 · 도급 등은 유상계약에 속하고, 증여 · 사용대차는 무상계약이며, 소비대차 · 위임 · 임치는 이자 또는 보수를 지급하는지 여부에 따라 유상계약 또는 무상계약이 된다.

　㉡ 쌍무계약 · 편무계약의 구별이 계약의 효과로 성립하는 '채무'에 관한 것임에 반하여, 유상계약 · 무상계약의 구별은 계약의 성립으로부터 채무의 이행에 이르기까지의 전 과정을 대상으로 하여 당사자가 대가적 의미를 가지는 출연을 하느냐 않느냐를 표준으로 하는 것이다. 따라서 쌍무계약은 모두 유상계약이다. 그러나 유상계약은 쌍무계약보다 넓은 개념이며, 유상계약이면서 쌍무계약이 아닌 것(편무계약)도 있다. 가령, 현상광고는 응모자가 광고에서 정한 행위를 완료하였을 때 성립하고, 광고자만이 채무를 부담하지만(편무계약), 광고자의 채무와 응모자의 행위는 서로 대가관계에 있게 된다(유상계약).

⑤ **계약의 계속성 여부에 따라 ⇨ 계속적 계약 · 일시적 계약**

　㉠ 계약의 내용인 급부를 이행함에 있어서 그것을 일정한 기간 동안 계속적으로 하여야 하는 계약이 계속적 계약(예 소비대차 · 사용대차 · 임대차 · 고용 · 위임 · 임치 · 조합 · 종신정기금)이고, 일정한 시점에 급부를 이행함으로써 완료되는 계약이 일시적 계약(예 매매 · 증여 · 교환)이다.

ⓛ 계속적 채권관계에는 당사자 간의 신뢰가 강하게 요구되므로 신의칙이 적용되기 쉽고, 채권관계가 일정 기간 계속되므로 그 사이의 사정의 변경을 고려하여야 할 필요성이 인정된다(예 차임증감청구권 등). 또한 계약의 해소에 있어서 소급적인 해제에 의해서가 아니라 장래에 대해 효력이 소멸되는 해지권이 인정된다.

⑥ **예약·본계약**: 장래 계약을 체결할 것을 미리 약정하는 계약이 예약(예 차표예약)이고, 그 예약에 기하여 체결되는 계약이 본계약(예 차표예약한 것을 청구하고 상대방이 이에 승낙함으로써 계약을 체결)이다.

(3) 계약의 성립

① 일정한 자가 계약 내용을 정하여 상대방에게 계약할 것을 청약하고, 상대방이 그에 대해 승낙함으로써 계약이 성립한다.

② 청약은 특정인뿐만 아니라 불특정 다수인에게도 할 수 있지만, 승낙은 반드시 특정인에게만 하여야 한다.

3 채권의 소멸

(1) 서 설

① 계약 등에 의해 일단 유효하게 성립한 채권은 소멸시효·계약의 해제·계약의 취소·계약의 존속기간의 도래 등 권리의 일반적 소멸원인에 의해 소멸한다.

② 민법은 채권의 특유한 소멸원인으로 변제·대물변제·공탁·상계·경개·면제·혼동을 규정하고 있다.

(2) 변 제

① 변제란 채무 내용을 실현시키는 채무자 또는 제3자의 행위이다. 즉, 변제란 채무이행을 채권의 소멸이라는 측면에서 본 경우이고, 채무 내용을 실현하는 채무자의 행위의 관점에서는 이행이라고 한다.

② 한편 변제는 변제제공과는 구별된다. 변제는 채무 자체가 소멸되는 것을 말하고, 변제제공은 채무이행에 관해 채권자의 협력을 필요로 하는 경우에 채무자가 채무이행의 제공을 하는 행위를 하였으나 아직 채권자가 협력하지 않아 채무 자체는 소멸되지 않은 것을 말한다. 다만, 이러한 변제행위가 있으면 그때부터 채무자는 채무불이행책임을 면하고, 채권자가 채권자지체에 빠지게 되는 효과가 있다.

(3) 대물변제

채권자와 채무자 간의 약정으로 1억원이라는 채무 대신에 채무자의 자동차를 인도하기로 하는 것처럼, 대물변제는 채권자의 승낙을 얻어 채무자가 부담하는 본래의 급부에 갈음하여 다른 급부를 현실적으로 이행함으로써 채권을 소멸시키는 것을 말한다. 이는 변제와 동일한 효력을 가진다.

(4) 공 탁

① 공탁은 채권자가 채권을 수령하지 않는 경우에 변제자가 채권자를 위해 변제목적물을 공탁소에 공탁시킴으로써 채권을 소멸시키는 것을 말한다.

② 공탁에 의해 채권자는 공탁소에 대하여 공탁물의 인도를 청구하는 권리를 취득한다. 채권자가 이 권리를 행사했을 때에 채권 소멸의 효과가 발생한다.

(5) 상 계

상계란 채무자가 채권자에 대하여 자기의 채무와 동종의 채권을 가지고 있는 경우, 채무자가 자기의 채권(자동채권)과 상대방의 채무(수동채권)를 대등액에서 소멸시키는 일방적 의사표시를 말한다.

> **예** 甲이 乙에 대하여 1,000만원의 금전채권을 가지고 있고, 乙이 甲에 대하여 700만원의 금전채권을 가지고 있는 경우에 甲과 乙은 700만원의 한도에서 상계에 의해 대금채권을 소멸시킬 수 있다.

(6) 경 개

① 경개란 당사자가 채무의 중요한 부분을 변경함으로써 신채무를 성립시키는 동시에 구채무를 소멸시키는 계약을 말한다. 경개에 있어서 구채무의 소멸과 신채무의 성립 사이에는 인과관계가 있으므로 구채무가 소멸하지 않으면 신채무도 성립하지 않고, 또한 신채무가 성립하지 않으면 구채무도 소멸하지 않는다.

② 대물변제는 약정에 의해 발생한 새로운 채무를 이행하여야 성립하는 계약(요물계약)이나, 경개는 당사자 간의 약정만으로 성립한다(낙성계약)는 점에서 차이가 있다.

(7) 면 제

① 면제는 채권자의 일방적 의사표시에 의해 채권을 무상으로 소멸시키는 단독행위이다. 즉, 채권을 포기하는 것이다.

② 이러한 면제는 처분권한 있는 채권자가 채무자에 대해 면제의 의사표시를 하는 것이며, 채무자의 의사를 불문한다.

⑻ **혼 동**

① 채무자인 상속인이 채권자인 피상속인의 채권을 상속받는 경우, 자신이 채무자이면서 채권자가 되는 것처럼 혼동은 채권과 채무가 동일인에게 귀속되어 채권·채무가 당연히 소멸하는 것을 말한다.

② 이러한 혼동은 법률규정에 의해 채권이 소멸하는 경우이므로 의사표시 등 당사자의 행위를 필요로 하지 않는다.

민
법

법률행위

❶ 법률행위의 분류방법 중에서 단독행위, 계약, 합동행위를 정확하게 분류하기
❷ 법률행위의 분류방법 중에서 의무부담행위와 처분행위를 정확하게 분류하기

1 법률행위의 의의

(1) 법률행위는 일정한 법률효과(法律效果)의 발생을 목적으로 의사표시를 구성요소로 하는 법률요건을 의미한다. 즉, 의사표시를 필수요소로 하여 법률효과를 발생시키는 원인의 총칭을 의미한다.

(2) **법률행위와 의사표시의 관계**

① 모든 법률행위가 의사표시를 포함한다고 하여 법률행위와 의사표시가 동일한 의미는 아니다.

㉠ 하나의 의사표시만으로 법률행위가 성립되는 것도 있다.

  예 취소나 해제, 추인과 같은 단독행위

㉡ 두 개 이상의 의사표시가 결합하여 비로소 성립하는 법률행위도 있다.

  예 계약, 합동행위

② 법률행위가 의사표시만으로 구성되는 경우(예 낙성계약)도 있지만, 법률행위가 반드시 의사표시로만 구성되어 있는 것은 아니다.

㉠ 요물계약(要物契約): 일정한 급부가 있어야 계약이 성립한다.

㉡ 혼인의 성립: 신고를 필요로 한다.

㉢ 법인의 설립: 주무관청의 허가를 필요로 한다.

2 법률행위의 분류

(1) 의사표시의 개수에 따른 법률행위의 분류

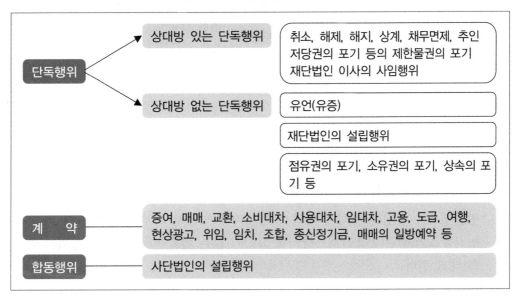

단독행위	상대방 있는 단독행위	취소, 해제, 해지, 상계, 채무면제, 추인 저당권의 포기 등의 제한물권의 포기 재단법인 이사의 사임행위
	상대방 없는 단독행위	유언(유증)
		재단법인의 설립행위
		점유권의 포기, 소유권의 포기, 상속의 포기 등
계 약		증여, 매매, 교환, 소비대차, 사용대차, 임대차, 고용, 도급, 여행, 현상광고, 위임, 임치, 조합, 종신정기금, 매매의 일방예약 등
합동행위		사단법인의 설립행위

🔺 단독행위의 특징

1. 법률에서 규정하고 있는 경우에만 단독행위를 행사할 수 있다. 따라서 법률의 규정이 없음에도 불구하고 당사자가 합의에 의하여 단독행위를 창설할 수 없다.

2. 단독행위에는 원칙적으로 조건이나 기한을 붙이지 못한다.
   상계의 의사표시에는 조건이나 기한을 붙이지 못한다.

3. 그러나 단독행위 중에서 유증이나 채무면제에는 조건이나 기한을 붙일 수 있다.

| 예제 |

상대방 없는 단독행위에 해당하는 것을 모두 고른 것은? (다툼이 있으면 판례에 따름) 제25회

| ㉠ 1인의 설립자에 의한 재단법인 설립행위 |
| ㉡ 공유지분의 포기 |
| ㉢ 법인의 이사를 사임하는 행위 |
| ㉣ 계약의 해지 |

① ㉠   ② ㉠, ㉡
③ ㉢, ㉣   ④ ㉠, ㉡, ㉢
⑤ ㉡, ㉢, ㉣

해설
㉠ 1인의 설립자에 의한 재단법인 설립행위는 상대방 없는 단독행위에 속한다.
㉡㉢㉣ 공유지분의 포기, 법인의 이사를 사임하는 행위, 계약의 해지는 상대방 있는 단독행위에 속한다.
▶ 정답 ①

(2) **의무부담행위 · 처분행위**(법률효과의 유형에 따른 분류)

구 분	종 류	예(例)	특징 1	특징 2
의무부담 행위	채권행위	매매, 임대차 등	이행의 문제가 남음	처분권 없는 자의 의무부담행위(= 타인권리 매매)는 유효
처분행위	물권행위	저당권설정 지상권설정	이행의 문제가 남지 않음	처분권없는 자의 처분행위는 무효(후에 추인에 의해서 유효화)
	준물권행위	채무면제 (지명)채권의 양도		

(3) **요식행위 · 불요식행위**

① 법률행위가 일정한 방식에 따라서 행해져야 하는지 여부에 따라, 방식을 요하는 행위를 요식행위(要式行爲), 방식을 요하지 않는 법률행위를 불요식행위(不要式行 爲)라고 한다.

② 민법은 불요식행위가 원칙이지만, 예외적으로 법률행위의 신중을 요구하기 위해서 (예 혼인) 또는 법률행위의 내용을 명확하게 하기 위해서(예 유언) 일정한 방식을 요하는 경우도 있다.

> **참고**
>
> 📖 **요식행위의 예**
>
> 1. 어음 · 수표행위
> 2. 법인의 설립행위(정관 작성)
> 3. 혼인이나 입양에서의 신고
> 4. 유언

(4) **생전행위 · 사후행위**

① 법률행위의 효과가 살아있을 때 효력을 발생하면 생전행위(生前行爲), 사후(死後)에 발생하면 사후행위(死後行爲)라 한다.

② 대부분의 법률행위는 생전행위에 속한다.

③ 다만, 유언 · 사인증여는 사후행위에 속한다.

⑸ 출연행위 · 비출연행위

① **출연행위**(出捐行爲)

㉠ 자신의 의사로 자기의 재산을 감소시키고 타인의 재산을 증가케 하는 행위를 의미한다. 출재(出財)라고도 한다.

㉡ 출연행위에 대한 대가적 의미가 있으면(보상이 있으면) 유상행위(有償行爲)라고 하고, 출연행위에 대한 대가가 없으면 무상행위(無償行爲)라고 한다.

② **비출연행위**(非出捐行爲) : 자기 재산을 감소시키지만 타인의 재산이 증가하지 않는 행위 또는 자기 재산을 감소시키지 않는 행위를 의미한다.

　　예 소유권의 포기, 대리권의 수여(수권행위), 동의

민법

의사표시

❶ 비정상적인 의사표시에 관한 민법의 태도를 이해하기
❷ 진의 아닌 의사표시의 의의와 법률효과를 이해하기
❸ 통정허위표시의 효과와 제3자의 의미를 파악하기
❹ 착오에 의한 의사표시에서 착오를 위한 취소의 요건 이해하기
❺ 사기나 강박에 의한 의사표시에서 민법규정의 성격을 이해하기

(1) 의사표시란 일정한 법률효과를 발생시키려는 의사를 외부에 표시하는 것으로서, 법률행위의 가장 근본적이고 중요한 구성부분이다.

(2) 예를 들면, 甲이 乙소유의 토지를 매입하는 매매계약을 체결하고자 한다고 가정하여 보자. 이 경우 甲은 건물을 짓기 위해서 토지를 매입하려는 동기에서 토지를 매수하려는 의사를 가지고(효과의사) 乙에게 청약의 의사표시를 하는 과정을 거치게 된다.

(3) **의사표시의 구성요소**

① 의사(내심적 효과의사)

② 표시행위(표시상의 효과의사)

참고

📖 **동 기**

1. 원칙적으로 동기는 의사표시의 구성요소가 아니다.
2. 다만, 예외적으로 동기가 상대방에게 표시되거나 상대방이 알 수 있었던 경우라면 동기도 의사표시를 이룬다.

(4) **정상적 의사표시와 비정상적 의사표시의 비교**

① **정상적 의사표시**: 표의자의 진의(효과의사)와 표시행위가 일치하는 경우를 말한다.

　예 표의자의 진의는 10만원이고, 표시행위도 10만원으로 표시한 경우라면 정상적인 의사표시로서 표의자가 원하는 대로 효과가 발생한다.

② **비정상적인 의사표시**: 표의자의 진의와 표시행위가 일치하지 않는 경우이거나 아니면 진의가 형성되는 과정에서 표의자의 본심에 반하는 진의가 형성된 경우를 의미한다. 이처럼 비정상적인 의사표시가 행하여진 경우에 어떻게 취급할 것인지에 대하여 민법에 규정하고 있다.

> 예 표의자의 진의는 100만원인데 표시행위는 10만원으로 한 경우

③ **비정상적 의사표시의 해결이론**

　㉠ **의사주의**

　　표의자를 보호하는 입장으로서, 의사와 표시가 불일치하는 경우에 그 표시행위는 무효라는 입장이다. 의사주의를 취할 경우 甲의 진의는 100만원인데 표시행위는 10만원에 청약한 경우, 청약의 의사표시가 진의와 표시가 불일치하기에 청약 자체가 무효이다. 따라서 乙이 10만원에 승낙의 의사표시를 한 경우라도 청약이 무효이기 때문에 계약 자체가 성립하지 않는다.

　㉡ **표시주의**

　　표의자의 상대방을 보호하는 입장으로서, 의사와 표시가 불일치하는 경우 그 표시행위는 유효하다는 입장이다. 따라서 乙이 10만원에 사겠다고 승낙하면 계약은 10만원에 성립한다. 다만, 이 경우 표의자 甲에게는 너무 가혹하기 때문에 甲은 자신의 착오를 이유로 취소할 수 있다는 입장이다.

　㉢ **통설·판례**

　　거래하는 상대방을 보호하는 것을 원칙으로 하여 표시주의를 취하고, 상대방을 보호할 필요가 없는 경우 예외적으로 표의자를 보호하는 의사주의를 가미하는 표시주의에 기운 절충주의의 입장이다.

⬆ 민법의 의사표시에 관한 규정

☗ **민법의 의사표시에 관한 규정**(제107조, 제108조, 제110조)**의 적용범위**

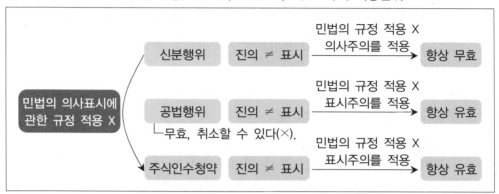

(5) **의사표시에 관한 민법의 규정**

① **진의 아닌 의사표시**

> 제107조 【진의 아닌 의사표시】 ① 의사표시는 표의자가 진의 아님을 알고 한 것이라도 그 효력이 있다. 그러나 상대방이 표의자의 진의 아님을 알았거나 이를 알 수 있었을 경우에는 무효로 한다.
> ② 전항의 의사표시의 무효는 선의의 제삼자에게 대항하지 못한다.

② **통정허위표시**

> 제108조 【통정한 허위의 의사표시】 ① 상대방과 통정한 허위의 의사표시는 무효로 한다.
> ② 전항의 의사표시의 무효는 선의의 제삼자에게 대항하지 못한다.

③ **착오에 의한 의사표시**

> 제109조 【착오로 인한 의사표시】 ① 의사표시는 법률행위의 내용의 중요부분에 착오가 있는 때에는 취소할 수 있다. 그러나 그 착오가 표의자의 중대한 과실로 인한 때에는 취소하지 못한다.
> ② 전항의 의사표시의 취소는 선의의 제삼자에게 대항하지 못한다.

④ **사기 · 강박에 의한 의사표시**

> 제110조 【사기, 강박에 의한 의사표시】 ① 사기나 강박에 의한 의사표시는 취소할 수 있다.
> ② 상대방 있는 의사표시에 관하여 제삼자가 사기나 강박을 행한 경우에는 상대방이 그 사실을 알았거나 알 수 있었을 경우에 한하여 그 의사표시를 취소할 수 있다.
> ③ 전2항의 의사표시의 취소는 선의의 제삼자에게 대항하지 못한다.

예제

의사표시에 관한 설명으로 옳지 않은 것은? (다툼이 있으면 판례에 따름)　　　　　　제24회

① 허위표시에 의한 가장행위라 하더라도 사해행위의 요건을 갖춘 경우, 채권자취소권의 대상이 된다.

② 허위표시의 당사자는 선의의 제3자에게 과실이 있다면 의사표시의 무효를 그 제3자에게 주장할 수 있다.

③ 비진의 의사표시의 무효를 주장하는 자가 상대방의 악의 또는 과실에 대한 증명책임을 진다.

④ 사기에 의한 의사표시에서 상대방에 대한 고지의무가 없다면 침묵과 같은 부작위는 기망행위가 아니다.

⑤ 동기가 표시되지 않았더라도 상대방에 의하여 유발된 동기의 착오는 취소할 수 있다.

해설

② 통정한 허위표시의 무효는 선의의 제3자에게 대항하지 못하는데, 여기서 제3자는 선의이면 족하고 무과실은 요구하지 않으므로 선의의 제3자가 과실이 있더라도 허위표시의 당사자는 의사표시의 무효를 그 과실 있는 선의의 제3자에게 주장할 수 없다.

① 채무자의 법률행위가 통정허위표시인 경우에도 채권자취소권의 대상이 되고, 한편 채권자취소권의 대상으로 된 채무자의 법률행위라도 통정허위표시의 요건을 갖춘 경우에는 무효라고 할 것이다(대판 1998.2.27, 97다50985).

③ 어떠한 의사표시가 비진의 의사표시로서 무효라고 주장하는 경우에 그 입증책임은 그 주장자에게 있다(대판 1992.5.22, 92다2295).

④ 법률상 또는 신의성실의 원칙상 고지의무가 있음에도 고지하지 않은 경우에는 부작위에 의한 기망행위에 해당할 수 있지만, 고지의무가 없는 경우에는 침묵과 같은 부작위에 의한 기망행위에 해당하지 않는다.

⑤ 동기가 표시되지 않았더라도 상대방에 의해서 유발된 동기의 착오도 취소할 수 있다.

▶ 정답 ②

민
법

2025 제28회 시험대비 전면개정판

박문각 **주택관리사** 1차 기초입문서

회계원리 | 공동주택시설개론 | 민법

초판인쇄 | 2024. 8. 5.　　초판발행 | 2024. 8. 10.　　편저 | 박문각 주택관리연구소
발행인 | 박 용　　발행처 | (주)박문각출판　　등록 | 2015년 4월 29일 제2019-000137호
주소 | 06654 서울시 서초구 효령로 283 서경빌딩 4층
팩스 | (02)584-2927　　전화 | 교재주문·학습문의 (02)6466-7202

판 권
본 사
소 유

정가 18,000원　　ISBN 979-11-7262-179-7